¿QUIERES SER RICO?

SALOMÓN JAAR WELCHEZ

www.trafford.com
Para Norteamérica y el mundo entero
llamadas sin cargo: 1 888 232 4444 (USA & Canadá)
teléfono: 250 383 6864 ✦ fax: 812 355 4082

CONTENIDO

INTRODUCCIÓN

*"No hay nada malo en desear ser rico.
El deseo de riqueza es en realidad el deseo de una vida
más rica, plena y abundante; y ese deseo es muy digno.
La persona que no desea vivir más abundantemente
es anormal, así como la persona que no desea tener
suficiente dinero para comprar todo lo que
quiere es anormal."*

Wallace D. Wattles

Seguramente cuando leíste el título de este libro despertó tu interés y decidiste comprarlo; ahora haz decidido dedicar tiempo para leerlo. Ambas decisiones son la respuesta a un deseo natural que hay en el interior de toda persona normal: Ser Rico.

Aquellos que no sienten el deseo natural de Ser Ricos son, en definitiva, anormales. ¿Qué ser racional e inteligente no quiere tener el dinero suficiente para satisfacer todas sus necesidades; y abundancia de bienes para desarrollar su mente, cuerpo y alma sin limitaciones?, ¿Qué ser racional e inteligente no quiere tener dinero y riqueza en abundancia para satisfacer completamente sus necesidades, las de su familia y dar servicio a los menos afortunados?

Todo ser normal tiene este deseo; si tú conoces a alguien que te ha dicho que no desea ser rico; esa persona te está mintiendo o no es normal. Por leer este libro tu manifiestas que Quieres Ser Rico; así que ¡bienvenido al club de la gente normal!

Wallace D. Wattles, en su libro "La Ciencia de Hacerse Rico" escribió: "Nadie puede alzarse a su máxima altura posible en talento o en desarrollo interior a menos que tenga suficiente dinero, porque para desplegar el alma o desarrollar el talento debemos tener muchas cosas para usar, y no se pueden tener esas cosas a menos que tengamos el dinero para comprarlas."

Vivimos en mundo en donde todo aquello que aporta comodidad y confort a nuestra vida tiene un precio. Algunos bienes que nuestros antepasados daban por gratuitos perpetuamente ahora tienen un precio; el agua, la seguridad, la educación y hasta morirse resultan onerosos.

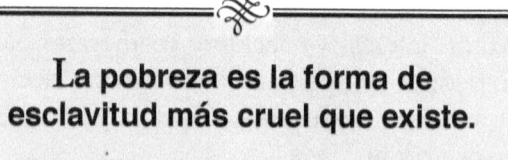

La pobreza es la forma de esclavitud más cruel que existe.

Tú Quieres Ser Rico, pero si no tuvieras el dinero suficiente para comprar este libro, te verías privado, por ahora, de la oportunidad de descubrir el Poder para Crear Riqueza Ilimitada. Piensa en las diferentes cosas que te gustaría hacer para desarrollar tu intelecto, tu cuerpo y tu alma sin limitaciones; no es posible lograrlo sin el uso de bienes y servicios, y para adquirir esos bienes y servicios necesitas dinero.

El dinero no es la fuente de la felicidad. Así es; la riqueza material, por si sola, no te traerá la felicidad; pero no puedes ser feliz si las necesidades tuyas y las de tus seres queridos no son satisfechas apropiadamente. ¿Cómo pueden ser felices los padres que tienen un hijo enfermo y no poseen los recursos para darle la mejor atención médica?; ¿Cómo puedes ser feliz si vives hacinado en un apartamento y tus hijos no tienen espacio para jugar y divertirse?; ¿Cómo puedes ser feliz si por no tener riqueza suficiente te ves obligado a trabajar extenuantes jornadas?

Cuando se vive en circunstancias tan difíciles; arañando los centavos, ajustando el presupuesto para cubrir los recibos de cobro que te llegan; la felicidad es tan frágil que continuamente te sobrecogen momentos de preocupación y tristeza.

Imposible ser feliz y libre cuando se vive esclavo de las deudas y la carencia de dinero para satisfacer las apremiantes necesidades de la vida.

El dinero no te hace libre de tristezas pero ensancha tus posibilidades y expande tu libertad para disfrutar más plenamente tu existencia. ¿Cómo puede una persona normal sentirse feliz y libre si no puede proveerse a sí misma y a sus seres amados de vestido, alimento, medicina, educación, recreación, descanso y toda otra oportunidad que existe para el refinamiento intelectual, físico y del alma? Que nadie nos cuente cuentos; al igual que tú, yo también he experimentado la pobreza y se que no hay felicidad en la privación, las restricciones, las deudas y la pobreza. El hombre y la mujer que no es financieramente libre, es esclavo de quien tiene el dinero y a quien le vende su tiempo, fuerzas y talentos.

Cuando tienes todo los recursos para satisfacer tus necesidades básicas; tu mente y tu espíritu se elevan en búsqueda del refinamiento que viene por satisfacer las necesidades de crecimiento o psicológicas.

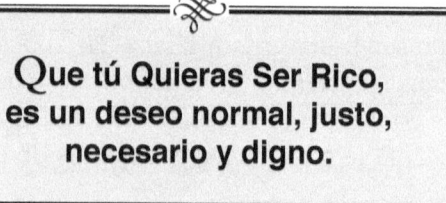

Que tú Quieras Ser Rico, es un deseo normal, justo, necesario y digno.

¿Cómo puedes disfrutar de vacaciones, paseos, arte, teatro, refinamiento cultural, conocer países extranjeros, acceder a toda la educación que deseas, vivir en una vivienda cómoda y confortable en un lugar seguro y agradable, viajar sin restricciones, pasar tiempo abundante con tus seres amados, tener a disposición toda la atención médica necesaria; en fin, gozar la vida a su plenitud si no tienes dinero suficiente para todo ello? Imposible. Por eso, el hecho de que tu Quieras Ser Rico es un deseo normal, justo, necesario y digno. Tú mereces y puedes ser rico;

cualquiera que te haya dicho o hecho creer lo contrario está muy equivocado.

El dinero; la riqueza material abundante; nos facilita, expande y potencia la capacidad de crecer y dar.

Bien sabemos que el fin último o propósito de la vida no es hacernos ricos; la búsqueda de riqueza material no debe ser el fin de nuestra existencia. Tu vida tiene un propósito mucho más elevado y tú lo sabes. Hay algo, allí, muy dentro de ti, que te susurra que tu existencia tiene un significado o propósito mayor que la obtención de riquezas temporales. Pero también, ese mismo algo que hay dentro de ti, te inspira y motiva con ese deseo de Querer Ser Rico. No existe ninguna contradicción entre tu Propósito de Vida y tu deseo de Querer Ser Rico; ambos se necesitan; tu Propósito de Vida es la razón de tu existencia y el Ser Rico es el medio que te ayudará a cumplir completamente tu propósito. Cuanto más dinero y recursos materiales poseas, tanto mas capacidad tendrás para llevar a cabo toda la obra que debes realizar en esta vida.

Tú existes para tener gozo en abundancia y lo tendrás en la medida que tengas todos los recursos financieros que necesitas para cumplir tu propósito a plenitud. El gozo; la felicidad verdadera y duradera; es el sentimiento, satisfacción y crecimiento que experimentamos cuando nos embarcamos en el cumplimiento de nuestro propósito de vida, el desarrollo de nuestro potencial y el servicio a los demás.

Este libro está escrito para ti. Lo escribí para almas inquietas, para hombres y mujeres que no se conforman con el plato del día, que saben que la vida es un restaurante de lujo en donde se tiene derecho a escoger del infinito menú de la vida lo que uno quiere.

Este Libro está escrito para personas que ven la abundancia que hay en el mundo y que no están dispuestas a conformarse con poco.

Está escrito para personas que están cansadas de cualquier privación y atadura financiera, que no aguantan esa inconformidad constructiva que llevan dentro y que los impulsa a buscar aquí y allá sabiendo que hay, sí, que HAY un camino seguro que conduce a la riqueza ilimitada. ¡Te felicito!; como tú, yo también lo sabía y no me cansé de buscarlo hasta que lo encontré.

Durante los últimos veintiséis años de mi vida he comprado y leído todo libro que encontré, muchos por cierto, y que enseñan cómo superarse en lo financiero, físico, mental y espiritual. Ha sido más bien una larga búsqueda; estoy convencido que de todos ellos adopté creencias e implementé prácticas que han agregado valor y abundancia a mi existencia. Al leerlos he meditado mucho y me he formulado muchas preguntas. He estado de acuerdo con muchas de sus enseñanzas y con otras he disentido. Este libro, que en este momento sostienes en tus manos, tiene muchas diferencias respecto a cualquier otro que hayas leído sobre el mismo tema; tiene un enfoque nuevo, verdadero y exacto sobre como llegar a Ser Rico.

Este libro te enseña *qué* hacer, *por qué* hacerlo y *cómo* hacerlo para crear la riqueza material y el dinero que deseas. Este libro es una síntesis completa de lo mejor que se ha escrito sobre el tema de crear riqueza, aclara toda duda que haya habido sobre lo mismo, te entrega el *por qué*, o sea, la doctrina filosófica o espiritual que se esconde detrás de cada principio o práctica, te explica con precisión lo *que* debes hacer para conseguir tu deseo de riqueza ilimitada, y te muestra *cómo* hacerlo; además, saca a la luz conocimiento nuevo para entender el proceso de creación de riqueza.

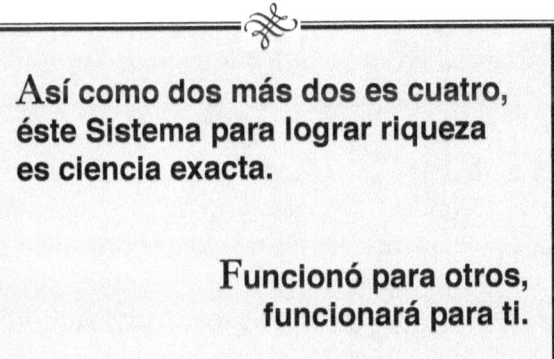

Así como dos más dos es cuatro, éste Sistema para lograr riqueza es ciencia exacta.

Funcionó para otros, funcionará para ti.

Para mí, este ha sido un proceso de crecimiento, maduración y descubrimiento. Estos muchos años la Inteligencia Infinita que llena todo el Universo también me ha enseñado algunas nuevas verdades; en otros casos me ha aclarado de manera sencilla algunos conceptos con los que no me sentía enteramente satisfecho. Este libro que hoy tienes en tus manos es el resultado de esa búsqueda.

Este libro muestra el camino seguro para todo aquel que Quiere Ser Rico. Abre tu mente y acepta con fe todas las enseñanzas, declaraciones, leyes e instrucciones que se encuentran en este libro. Haz exactamente lo que te diga.

Este Sistema para llegar a ser rico es el mismo que usaron todos los hombres y mujeres que amasaron las fortunas más cuantiosas. Funcionó para ellos y funcionará para ti. Así como dos más dos es cuatro, éste Sistema para lograr riqueza es ciencia exacta. Nunca falla y está diseñado para gente normal que Quiere Ser Rica. Léelo, entiéndelo, aplícalo y disfruta la riqueza ilimitada que obtengas.

Piensa un momento, ¿Cómo llegó este libro a tus manos? Hay millones de libros en el mundo, entonces, ¿Por qué este libro?, ¿Por qué en este momento de tu vida? ¿Crees tú que este fue un acontecimiento casual, accidental o circunstancial en tu vida? No lo creo; es el resultado de una sincronización perfecta en tu vida que te trae en el momento preciso de tu existencia la oportunidad y secreto que siempre has deseado y que además mereces. Es tiempo de reconocer que cada uno de esos momentos que llamamos coincidencia es un mensaje sobre algún aspecto importante de nuestra vida en el que necesitamos dirección o luz; esos maravillosos momentos llamados coincidencia son una vía de comunicación que la Inteligencia Infinita o Universal utiliza para ayudarnos en nuestra búsqueda de una vida más plena. Hay Una Inteligencia Superior e Infinita, Tú Creador, que te pondrá en tu camino las herramientas que necesitas para desarrollar todo tu potencial y cumplir tu propósito de vida. En el Universo nada ha sido dejado al azar, todo sigue un juego preciso y exacto de leyes; todas las creaciones estamos interrelacionadas y sincronizadas.

Tu y Yo estamos interrelacionados y sincronizados; tu buscas una respuesta, un camino; yo escribo este libro; ahora está en tus manos. No hay casualidades en la vida, aprende a aceptar con fe y humildad los favores que te hace el Creador del universo. Este libro llegó a tu vida como una respuesta a tu búsqueda; lo mereces. El momento que tanto has buscado ha llegado para poner en tus manos el secreto para producir riqueza ilimitada.

Hay ciertos momentos especiales de nuestra vida en que *lugar*, *personas* y *suceso* se sincronizan en un perfecto orden para abrirnos puertas de ilimitadas oportunidades; estos momentos son milagrosos y llegan para producir poderosamente un cambio cualitativo en nuestra existencia.

Acepta con gratitud este momento crucial que sin límites de espacio y tiempo juntó nuestras mentes con un solo propósito: poner a tu disposición el secreto mejor guardado de todas las edades: El Poder para Crear Riqueza Ilimitada. Los principios filosóficos y las prácticas contenidas en este libro son verdades comprobadas por cientos de hombres y mujeres que las utilizaron para lograr dinero y riqueza ilimitada.

Un solo compromiso quiero arrancar de tu boca, una promesa; prométeme que al obtener este conocimiento lo compartirás con otros, que como tú, están preparados para recibirlo; para que ellos también cosechen los mismos beneficios de riqueza ilimitada que tú lograrás.

Te pido este compromiso porque así funciona la ley espiritual que gobierna la posesión de riqueza: lo que de ti sale, a ti vuelve otra vez. No todos están preparados para recibirlo, tú lo sabrás en el momento en que empieces a compartirlo, compártelo con aquellas almas, que como la tuya, están preparadas.

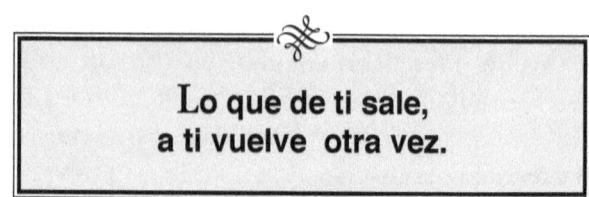

**Lo que de ti sale,
a ti vuelve otra vez.**

El compartir este conocimiento de cómo adquirir dinero sin límites aumentará tu habilidad de cómo lograr más riqueza.

Bueno, ahora sí, ¡empecemos el viaje!

capítulo 1

EN EL MUNDO HAY ABUNDANCIA

El mundo es una fuente de riqueza inagotable. Es importante que creas y adquieras conciencia de ello; porque si tu crees que en el mundo hay escasez, es en vano que emprendas la búsqueda de la riqueza material.

> **El dinero abundante
> no cabe en mentes estrechas.**

El Creador de esta tierra, la diseñó y creó de tal manera que hubiese suficiente y de sobra para todos sus hijos. Así fue en el principio, así ha sido en todas las épocas, así es en tu tiempo, y así será siempre.

Es la corrupción de algunos y la ignorancia de otros

lo que produce y perpetua la pobreza en la tierra. La intención y propósito de Dios, desde el momento mismo que planificó la tierra fue para que todos sus hijos, sin excepción, tuvieran en abundancia todo lo que necesitan. Tú tienes derecho, por decreto divino, a una vida más rica, plena y abundante.

La tierra esta inundada de riqueza y dispuesta para darte todo lo que quieras.

La tierra fue creada para dar riqueza, comodidad y bienestar abundante a todos los hijos de Dios. Es una mina inagotable de dinero de la que puedes extraer, una y otra vez, sin restricciones, todo lo que quieras. Esto es la tierra, ahora imagínate el Universo Organizado y su contenido, es una montaña inimaginable de recursos a tu disposición, en espera de tu Poder Para Crear Riqueza.

Ley universal de la riqueza

La riqueza obedece a todo aquel que sabe cómo crearla; no tiene preferencia de nacionalidad, sexo, edad, raza, color, nivel de educación, apariencia física, profesión, talentos, nivel social, ni status económico. A este principio se le conoce como la Ley Universal de la Riqueza; está disponible para todos los que quieren y saben como atraerla.

La riqueza obedece a todo aquel que sabe cómo crearla.

La riqueza no hace acepción de personas. Piensa un momento en la gente que conoces y que es rica. Hay ricos intelectuales e iletrados; negros, cafés, amarillos y blancos; jóvenes y viejos; hombres y mujeres de cualquier nacionalidad; abogados y maestros; bonitos y feos; aquellos que no tenían nada y otros que nacieron en cuna de oro. Hay una sola condición que todos los ricos tienen en común: son ricos.

El único y verdadero impedimento para la obtención de riqueza son los procesos mentales negativos que continuamente ocupan nuestro consciente.

No hay nada, absolutamente nada que te impida crear riqueza inagotable; todas las razones que puedas imaginar son producto de un conciente condicionado por creencias falsas. El único y verdadero impedimento para la obtención de riqueza son los procesos mentales negativos que continuamente ocupan nuestro consciente. No puedes responsabilizar a nadie ni a nada de lo que eres y tienes ahora; tú has sido siempre el arquitecto de tu propia vida.

> **Lo que somos, lo que poseemos, lo que llegaremos a ser y lo que poseeremos es el reflejo de nuestros pensamientos dominantes.**

Ricos por ensayo y error

Algunos llegan a ser ricos por Ensayo y Error, ni siquiera saben cómo lo lograron. No emplearon un sistema para lograrlo; trataron y se golpearon, trataron y se lastimaron, y trataron una y otra vez hasta que lo lograron. De manera inconciente intentaron uno y otro principio, una y otras práctica hasta que lo lograron. Cuando uno les pregunta "¿Cómo lo lograste?", no saben explicarlo. Estos ricos usualmente son tacaños para vivir; no se dan gusto ni siquiera a ellos mismos; viven como pobres, temerosos de perder su riqueza porque saben que les dolió mucho hacerla. Estos ricos por Ensayo y Error viven pobres en la abundancia que amasan.

Ricos por competir y aprovecharse

Otros llegan a ser ricos por Competir y aprovecharse. Creen que en el mundo hay riqueza, pero no para todos, sino sólo para unos pocos. Por eso son agresivos, arduos trabajadores, sagaces, astutos; como en la guerra, creen que en la lucha por el dinero se vale todo. Están dispuestos a adular, engañar, hacer trampa, aprovecharse hasta del mejor amigo, los parientes no existen -solo son una relación de negocio-; tuercen la ley, evaden impuestos, son desleales para competir.

Los Ricos por Competir y Aprovecharse no son tacaños con ellos mismos, viven muy cómodamente y se dan grandes placeres. Estos tienen una estrategia para hacer riqueza: competir y aprovecharse. En ocasiones están dispuestos a dar limosna a algún familiar, amigo o institución. No lo hacen por vocación; sino para recibir aprobación, adulación o aliviar un poco el sentimiento de culpabilidad que los persigue.

Estos ricos por Competir y Aprovecharse no son felices; padecen una inmunodeficiencia de integridad en el carácter que les carcome el corazón; terminan su vida en soledad y amargados, carentes de propósito, viviendo en un vacío existencial que los deprime y que muchas veces los conduce al suicidio. Estos existen, más nunca viven; ignoran que existimos de lo que ganamos, pero que vivimos de lo que damos.

Rico por el poder de crear

Tu historia será diferente, no llegarás a ser rico por Ensayo y Error; ni por Competir y Aprovecharse; tu llegarás a tener dinero en abundancia porque aprenderás a ejercer el Poder para Crear Riqueza Ilimitada.

Como todo don bueno, este Poder para Crear Riqueza tiene su origen en el Creador del Universo. Es el poder que La Inteligencia Infinita utilizó para crear la tierra con toda la riqueza que en ella hay. Cuando el Creador puso a

Adán y Eva en el Jardín de Edén les reveló el secreto y este ha sido transmitido hasta nuestros días. Abraham, Isaac, Jacob, Moisés, Melquisedec, José; todos ellos fueron ricos y poderosos.

En las Ciencias reveladas por Dios al hombre, el Principio Espiritual del Poder para Crear fue el primer principio revelado.

¿Por qué reveló Dios a sus hijos el Principio del Poder para crear antes que todo otro principio? Porque del ejercicio de este principio depende toda la salvación o plenitud de gozo del hombre, tanto espiritual como la materialmente.

Dios explicó a Abraham y otros sabios hombres –Confucio, Zaratustra, Buda, Sócrates, Platón, Emerson, Smith, Galileo, Copernico, Newton, Einstein, etc.-, algunos detalles de cómo creo la tierra y lo que en ella hay, con que poder lo hizo, cómo funciona ese poder, cómo está constituido el universo y todo lo que en el hay. De esta manera, El Creador de la Tierra e incontables creaciones más, nos fue dando luz y conocimiento respecto al Principio del Poder para Crear. ¿Por qué nos dio las llaves del conocimiento de tal poder? Porque somos Su creación, Su más sublime creación, somos Sus Hijos. ¿Qué padre no desea lo mejor para sus hijos?

Este Poder para Crear que Dios utilizó para organizar la tierra y sus riquezas puede ser aplicado para la Creación de distintos logros o creaciones, tanto en el ámbito espiritual como material. El objetivo específico de este libro es enseñarte cómo ejercer ese mismo poder para Crear Riqueza Material Ilimitada.

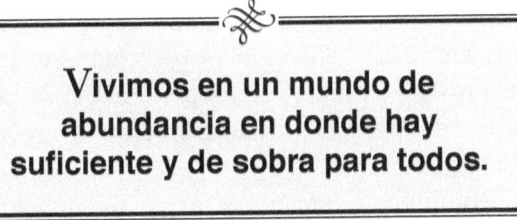

Vivimos en un mundo de abundancia en donde hay suficiente y de sobra para todos.

Podrás utilizar este poder tantas veces como desees para lograr todo lo que quieras. No es el mago de la lámpara de Aladino que te limita al cumplimiento de tres deseos. Es un Poder Real y Verdadero que aplicado conscientemente te llenará de riqueza en cualquier área o aspecto de tu vida.

Mira lo que ahora tienes y lo que ahora eres; tú has sido el creador de todo ello. Toda condición, situación o circunstancia que ahora te rodea es producto, principalmente, de la manera en que piensas.

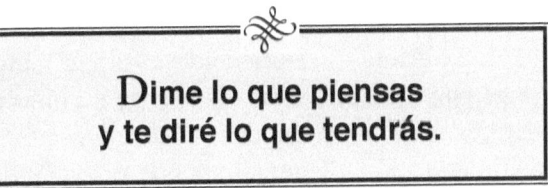

Dime lo que piensas y te diré lo que tendrás.

Es increíble la abundancia que llena nuestro planeta; hay riqueza en todas partes y está allí disponible para todos. Tienes que aceptar esta creencia de que hay abundancia en la tierra y que está disponible para ti y para todos los hijos e hijas de Dios. Esta creencia es la base o fundamento sobre la que edificarás tu imperio y dominio de riqueza. El momento ha llegado a tu vida, y es ahora, que empleando los principios y las prácticas de este libro, crearás para ti y para tu familia el beneficio de una riqueza abundante.

No importa en que manos está el dinero ahora, ni en que lugar se encuentra la riqueza en este momento; haciendo uso de lo que aprenderás en este libro atraerás para ti todo el dinero y la riqueza que quieras.

Hay abundancia en la tierra y tú tienes derecho legítimo a ella; cualquier creencia contrario a esto tienes que desecharla HOY mismo; en este preciso momento.

Pareciera como si en el mundo hay personas e instituciones cuya tarea ha sido contra-educar o condicionar negativamente nuestra mente para creer que los ricos ya están y que no hay espacio para más. Lo que es peor aún es que esta falsa enseñanza ha sido introducida y aceptada en millones de mentes. Creencias que funcionan como grilletes que impiden alzar la cabeza; decir ¡basta! y emprender el viaje hacia la abundancia ilimitada.

El sistema educativo mismo; desde la escuela hasta la universidad, pareciera estar orientado a formar mentes con limitaciones para que no vean más allá de un empleo y un salario. He recorrido un camino largo de educación formal: seis años de educción elemental, tres de educación media, dos de secundaria y nueve de universidad para alcanzar el grado Universitario en educación y Abogacía. Lo más triste es que en esos veinte años de educación formal nunca se me enseñó que yo tenía derecho legítimo a una vida rica y abundante; ni se me enseñaron los principios y prácticas para producir dinero y riqueza ilimitada. Todo parece un complot en el que a las instituciones educativas se les establece para formar mentes que vendan sus talentos y energía a cambio de un salario.

El celebre boxeador de todos los tiempos, Muhammad Ali, tres veces campeón mundial de pesos pesados, coronado como el hombre deportista del siglo y medallista olímpico de oro cambió su nombre original de Cassius Clay a Muhammad Ali. En una ocasión el dijo que había cambiado su nombre porque "Clay" era el apellido de la familia a quien sus antepasados habían servido como esclavos. Muhammad Ali no quiso ser conocido más como *Clay* para romper las cadenas mentales de esclavitud y pobreza que sus antecesores le heredaron.

¿Qué cadenas o grilletes mentales esclavizan nuestra mente? ¿Haz vivido creyendo que hay limitaciones y escasez en el mundo, y que la riqueza es para otros pero no para ti? Si es así, hoy mismo es el tiempo para romperlas y liberar tu mente de la esclavitud de pensamientos de escasez y limitaciones.

Afírmalo y acéptalo en tu mente:

En el mundo hay abundancia para mí. Tengo el derecho a ser Rico.

Capitulo 2

TODO ES MATERIA: LA RIQUEZA TAMBIÉN

"En el Universo no hay más que materia en movimiento."
Vladimir I. Lenin

Todo lo que existe, en este mundo y fuera de él, es materia en movimiento; si no es materia, no existe. Toda materia es energía o sea materia en movimiento constante. Aún nuestros pensamientos son materia que vibran a una frecuencia muy alta.

Ninguna creación se puede formar de la nada; todo proceso que involucra creación implica la utilización de materia que ya existe.

La materia no puede ser creada; ni destruida su existencia; puede transformarse. Podemos organizarla, desorganizarla y reorganizarla de una forma de existencia a otra; pero no podemos destruirla de tal manera que deje de existir.

Dios, La Inteligencia Infinita, ejerce su Poder para Crear aplicando las leyes que gobiernan el universo. Por muchos años se nos ha enseñado en la religión tradicional que Dios creo la tierra de la nada; esto no es cierto.

Los materiales primarios para crear la tierra ya existían en estado desorganizado.

Los *materiales primarios* para organizar o crear la tierra ya existían en estado caótico o desorganizado; es decir, co-existían con Dios.

Mediante el Poder de Crear Dios los organizó, les dio forma según su intención y deseos. La palabra "crear" en el Libro de Génesis, la Biblia, es una traducción del hebreo "baurau" que significa "manifestar", "dar forma", "organizar".

Todo lo que ha sido creado fue hecho de materia ya existente que fue organizada y moldeada conforme a la mente y los deseos del Creador.

¿Por qué ocuparnos aquí de entender la materia?, ¿Qué tiene que ver la materia con la Creación de riqueza? Bueno, la riqueza es materia; se crea de materia, es materia en movimiento.

Materia es sobre lo que ejercemos nuestro Poder de Creación para organizar los elementos y crear riqueza.

El propósito de este libro es mostrarte cómo y por qué funciona el poder creador que Dios posee; para que tú, como hijo de él, aprendas a utilizarlo también para crear la riqueza que quieres.

Si entendemos como funciona la materia y cómo se actúa sobre ella para crear riqueza, nuestro Poder para Crear Riqueza se fortalecerá. Nadie se puede salvar en la ignorancia; y esto es cierto tanto en lo espiritual como en lo material.

Aprender como funciona el poder creador fortalecerá tu confianza para crear la riqueza que deseas.

No hay conocimiento más valioso que el conocimiento que te permite entender los principios sobre los cuales funciona el poder para crear; cuando dominas estos principios y los pones en práctica puedes aplicarlo a cualquier logro que tu desees crear sin importar la naturaleza del mismo. Ya sea que quieres crear riqueza, salud o amor; los principios de creación son los mismos.

Poseer este conocimiento es el secreto mejor guardado de todos los tiempos.

Todo logro significativo y extraordinario que ser humano alguno haya alcanzado; ya sea en las artes, en el deporte, en los negocios, en la política y en cualquier otro aspecto de la vida, lo hizo utilizando, conciente o inconcientemente, ese conocimiento y poder para crear.

El Universo es uno solo, dividido en dos secciones: El Universo No organizado y el Universo Organizado.

El universo:
El universo no organizado

Primero tenemos que entender que el Universo es uno, más se encuentra dividido en dos secciones: Primero, el *Universo No Organizado*, que es infinito en todas sus direcciones, es un Universo sin fronteras; no tiene comienzo ni final.

El *Universo No Organizado* está lleno de dos tipos de materia la *inteligencia o mente* y el *elemento eterno*. Estos dos tipos de
materia o energía son los *bloques primarios* o básicos de los que comienza la creación de todas las cosas. Todas las creaciones de Dios y el hombre poseen estos dos componentes eternos.

Todo lo que vemos, y lo que existe pero no podemos ver, ha sido creado inicialmente con la asociación de *inteligencia o mente* y *elemento eterno* como sustancias originales.

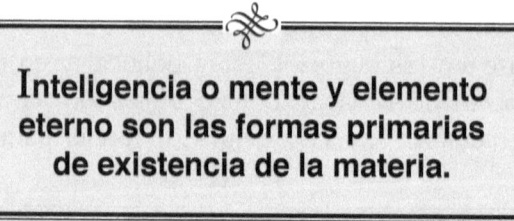

Inteligencia o mente y elemento eterno son las formas primarias de existencia de la materia.

El *Universo No Organizado* e infinito es la fuente inagotable e inmensurable de estos dos tipos de materia. No hay manera de agotarlas. Es un Universo de abundancia absoluta.

Inteligencia o mente y *elemento eterno* son unidades básicas, la forma más elemental y primaria de la materia. Ellas llenan, en forma caótica; sin organización alguna, la inmensidad del *Universo No Organizado*.

La *Inteligencia o mente* y *elemento eterno* no pueden ser creados ni destruidos, han existido por siempre y continuarán existiendo por siempre.

Sabemos que la *inteligencia o mente* existe para "actuar" y el *elemento* eterno para "ser objeto de acción". De aquí, que de las dos, la *inteligencia o mente* es una forma de materia superior al *elemento eterno*.

Que el hombre no haya todavía identificado estos dos componentes eternos no significa que no existen. La inmensidad infinita e inmensurable del Universo es tal que hasta este momento no existe tecnología alguna que nos permita observar el *Universo No Organizado*.

El *Universo No Organizado* está desprovisto de toda forma de organización o creaciones y en el solamente se pueden encontrar dos formas de materia o energía: *inteligencia o mente* y *elemento eterno*.

Hay un solo Universo, dividido en dos secciones; el No Organizado y el Organizado; el primero, infinito en tiempo y espacio; el segundo, finito en su espacio. El primero o No Organizado con abundancia de materia en estado caótico o no organizada; el segundo u Organizado con formas de materia o creaciones que los Dioses han creado. El Universo siempre ha existido; las galaxias han tenido un principio de creación u organización.

La *inteligencia o mente* y el *elemento eterno* son las dos formas de existencia de la materia de la cual todas las demás proceden.

Inteligencia o mente y elemento eterno en su estado original, sin asociación, solo están disponibles al poder creador de Dios.

La *inteligencia o mente* y el *elemento eterno* son formas de materia que *no están disponibles al hombre*; solo los Dioses pueden recurrir al Universo No Organizado para tomar la materia de él y llevar a cabo sus creaciones.

La creencia de que solamente existe un Dios es también errónea; pues la misma Biblia nos enseña que en la Creación de nuestro planeta Tierra participaron al menos tres Dioses: El Padre, el Hijo, y el Espíritu Santo.

Que ellos son tres personajes separados y distintos uno del otro; unidos en propósito y voluntad: ayudar a todas sus creaciones a progresar y desarrollarse para alcanzar el máximo potencial para el cual fueron creadas.

Inteligencia o mente y elemento eterno son los bloques primarios de existencia de la materia. Existen sin ninguna forma de organización o forma específica.

Cuando *inteligencia o mente* se asocia con *elemento eterno* se crea la *materia espiritual* alcanzando *su primer orden o estado de existencia* de la materia *con una forma o imagen específica.*

Este *primer orden o estado* de existencia de la materia, la *materia espiritual*, representa un progreso o crecimiento para la *inteligencia o mente.*

Cuando la *inteligencia o mente* es asociada *con elemento eterno* pasan a formar parte del *Universo Organizado* como *materia espiritual con una forma o imagen específica.*

Cuando inteligencia o mente y elemento eterno son asociados para formar materia espiritual, adquieren la forma o imagen que la mente del Gran Creador le imprime o manda.

La inteligencia

¿Qué sabemos de la *Inteligencia o mente*? Muy poco sabemos acerca de ella, pero si lo necesario para entender como se relaciona con nuestro Poder para Crear.

La *inteligencia o mente* como sustancia o materia original o primaria no tiene *forma o imagen*.

La *inteligencia o mente* existe por si misma; es auto consciente de su propia existencia; es hasta que el poder creador la asocia con *elemento eterno* que adquiere una *forma o imagen* específica.

Aún en su estado original o primario la *inteligencia* tiene la habilidad de comunicarse con otras *inteligencias*. Como materia o energía *"sujeto de acción" irradia y recibe* comunicación.

Debido a que la *inteligencia o mente* tiene la capacidad de transmitir una manifestación de lo que es y de lo que está haciendo es conocida en la literatura religiosa y en la filosofía como *la luz de verdad*.

Todas las creaciones, espirituales o terrenales, poseen una *inteligencia o mente*.

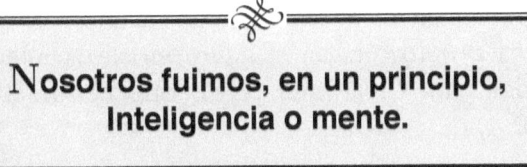

Nosotros fuimos, en un principio, Inteligencia o mente.

La *inteligencia o mente reside* en esa parte de nosotros que llamamos *espíritu.*

En nosotros, los seres humanos mortales, hay una *inteligencia o mente, es* aquella parte de nosotros que llamamos *Mente.*

Cuando una *inteligencia o mente* es asociada con *elemento eterno;* a la unión resultante se le llama *espíritu* o *inteligencia organizada.*

La *Inteligencia o mente* puede observar, recordar, diseñar, imaginar, idealizar, pensar, hacer decisiones.

Dentro de su propia esfera o creación a la que se le ha asignado, la *inteligencia o mente,* posee *libertad para escoger y actuar.*

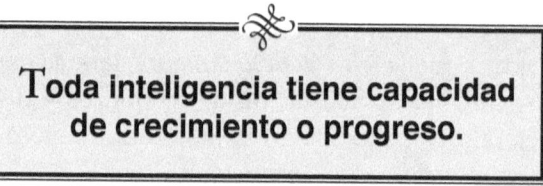

Toda inteligencia tiene capacidad de crecimiento o progreso.

La capacidad más sobresaliente de la *Inteligencia o mente* es su *capacidad de crecimiento,* progreso o desarrollo.

La *inteligencia o mente* no puede avanzar de su estado *original y primario* hacia el *espiritual* sin la intervención del Poder para Crear que posee otro ser Inteligente y Superior: Dios.

Las cualidades y atributos que una *inteligencia o mente* puede manifestar en el Universo Organizado solo son posibles cuando esa *Inteligencia o mente* es asociada con *elemento eterno* y se le asigna a una *forma, imagen o creación específica.*

En el momento en que una inteligencia es asociada a *elemento eterno*, la *inteligencia o mente y el elemento eterno* salen del *Universo No Organizado y* llegan a ser parte del *Universo Organizado* como una *Creación Espiritual.*

Las *inteligencias* o *mentes* están ansiosas, en espera de que un *Ser Inteligente* como Dios, El Gran Creador, use su Poder para asociarlas con *elemento eterno* y convertirse en una *Creación espiritual.*

La única vía que una *Inteligencia o mente* **no** asociada a *elemento eterno* tiene para moverse, crecer o avanzar, del *Universo No Organizado* hacia el *Universo Organizado* es cuando Dios la asocia a *elemento eterno* por medio de su Poder Creador.

Cuando la *Inteligencia o mente* es asociada con *elemento eterno* esta nueva entidad es conocida como *Inteligencia organizada o Espíritu.*

Elemento eterno

El Universo Organizado es posible porque *elemento eterno* es susceptible de recibir *inteligencia o mente* y una vez que le es asignada inteligencia, es capaz de obedecer a su Creador.

El *elemento eterno* del que hemos venido hablando no son los *elementos químicos* que conocemos como el hidrogeno, oxigeno, nitrógeno, etc.

Los *elementos químicos* temporales son susceptibles de ser desorganizados y convertidos en otro elemento químico.

El elemento eterno no puede ser desorganizado; al igual que la *inteligencia o mente*, es la forma más simple o primaria de existencia de la materia.

Elemento eterno es una forma primaria de materia, desprovista de organización, susceptible de ser asociada con inteligencia o mente.

El elemento eterno en su estado puro u original no posee inteligencia; es materia sobre la que se actúa.

El *elemento eterno* tampoco debe ser confundido con partículas subatómicas como los quarks o leptones. El *elemento eterno primario* no ha sido descubierto aún por los científicos aún cuando los mismos llenan el Universo.

El universo:
El espacio o universo organizado

La segunda sección del Universo es el *Universo Organizado o Espacio*. Este se encuentra inmerso dentro del *Universo No Organizado*, tal como la yema de un huevo esta inmerso dentro de la clara.

Lo que podemos observar con nuestros ojos o con la ayuda de grandes telescopios es una pequeña porción del *Universo Organizado* o *Espacio*.

El *Universo Organizado* posee fronteras que se ensanchan, está en crecimiento constante producto de las nuevas creaciones de *los dioses y de las nuestras*. Stephen Hawking, científico experto en teoría sobre el cosmo, relatividad y física quantica, escribió: "La evidencia presente sugiere, por lo tanto, que el Universo se expandirá probablemente por siempre".

Hace unos pocos años la mayoría de la gente y científicos creían en un Universo estático e inmóvil. Fue hasta el año 1929 que Edwin Hubble hizo las observaciones que probaron que el Universo está en constante expansión y crecimiento

Comentando sobre la expansión que el Universo experiementa, Hawking escribió: "¡Un universo en expansión no excluye la existencia de un Creador, pero sí establece límites sobre cuándo éste pudo haber llevado a cabo su misión!". El Universo, en su totalidad, siempre ha existido; es infinito en el tiempo y en el espacio; nunca tuvo un principio de creación. Las galaxias que en el existen son la obra de la familia de Dios.

Hay pruebas científicas de que El Universo Organizado, del cual podemos observar una porción con el uso de modernos telescopios; se está expandiendo o creciendo y que lo hace a una velocidad justa para evitar colapsarse. Este Universo organizado se expande o crece con las creaciones de Dios y las nuestras.

Dios es el creador de nuestra galaxia y los cientos miles

de millones de astros que en ella existen; El Universo ha existido siempre; de él y en él los Dioses han llevado a cabo su obra creadora.

Los Dioses toman constantemente del Universo No Organizado la *inteligencia* y el *elemento eterno* para formarlo en materia espiritual; y elementos químicos del Universo Organizado para organizar materia temporal. Existe infinito número de galaxias como la nuestra, cada una de ellas con miles de millones de estrellas y planetas como el nuestro.

Nuestra galaxia -la Vía Láctea-, el Universo organizado de nuestro Dios, es sólo una de entre los varios cientos de miles de millones de galaxias que pueden ser vistas con modernos telescopios; cada una de ellas contiene cientos de millones de estrellas; se estima que nuestra galaxia tiene un diámetro de cien mil años luz y que gira lentamente.

Nuestra mente conciente en su estado actual de la mortalidad no puede comprender el concepto de lo infinito y la eternidad. Si decimos que Dios creo nuestra galaxia, nuestra mente se pregunta ¿quién creo a Dios?; y si contestáramos que Dios una vez fue hombre como nosotros y que pasó por todos los estados de progreso hasta que llegó a ser Dios y Creador de esta galaxia; nos volvemos a preguntar y ¿quién creo a Dios?; si contestáramos que no hay hijo sin padre, y que Dios tiene un padre y que éste a su vez también lo tiene; la interrogante todavía nos persigue preguntándonos ¿Quién fue el primero?, la respuesta es, nunca ha habido un primero. Este último concepto de eternidad y de que nunca hubo un primero es lo que nuestras mentes mortales no pueden procesar.

El *Universo Organizado* o *Espacio* está lleno de dos formas de materia: *materia espiritua*l -de primer estado- y *materia mortal* -de segundo estado-.

El *Universo Organizado*, por su vasta inmensidad, parece infinito para el hombre, sin embargo, sabemos que es finito, que tiene fronteras, que se limita solo a aquella porción del Universo que contiene las creaciones de Dios y de los hombres.

El Universo Organizado crece continuamente con las creaciones de Dios y las nuestras.

Materia llena el universo organizado

No hay espacio del Universo Organizado que no esté lleno, ya sea de *materia espiritual* y de *materia mortal o temporal*.

Materia espiritual

Son todas las creaciones que Dios ha llevado a cabo organizando o asociando la *inteligencia o mente* con *elemento eterno*.

La *materia espiritual* nos rodea por todas partes y llena todo espacio, pero es una forma de materia más refinada y pura que no puede ser observada con los *ojos mortales,* ni su información puede ser procesada por el *cerebro*; la *materia espiritual* solo puede ser observada con los *ojos de la inteligencia o mente* y su información es procesada en nuestros *espíritus o inteligencias organizadas.*

La *materia espiritual* es una forma de existencia de la materia que vibra en la frecuencia más rápida, aún más rápida que la velocidad de la luz, por esto no puede ser observada con los ojos mortales, ni con aparatos especiales; la única forma de verla es con los ojos de la inteligencia o mente.

No existe tal cosa como materia inmaterial o no-materia; todo lo que existe es materia.

La *materia espiritual* es materia; pues todo lo que tiene existencia en el Universo es materia en diferentes niveles de organización o estado de crecimiento; y no hay tal cosa como materia inmaterial o no-materia; todo es materia.

La *materia espiritual* está integrada con dos componentes: la *inteligencia o mente* y el *elemento eterno.*

La asociación de Inteligencia o mente y elemento eterno forman un Espíritu.

Stephen William Hawking, famoso científico Británico, nacido el ocho de enero de1942; ganador de muchos premios y reconocimientos a nivel mundial por sus investigaciones sobre la teoría del cosmo y la gravedad quántica; ganador del premio mundial de Física, en su libro "Historia del Tiempo, del Bing Bang a los agujeros negros" escribió: **"… no podemos excluir la posibilidad de que pudiera existir alguna otra forma de materia, distribuida casi uniformemente a lo largo y ancho del universo, que aún no hayamos detectado."**

Que el mundo científico todavía no haya encontrado o detectado aún la inteligencia o mente, el elemento eterno y la materia espiritual, no niega la existencia de ellas. Ellas existen independientemente de que lo creamos o no. El tiempo llegará cuando el conocimiento de ellas será probado de manera científica.

Antes del año 1514 y aún depuse de él, con excepción de unos pocos filósofos y científicos, la gente creía que la tierra era el centro del universo, que era plana y que el sol y los otros planetas giraban alrededor de ella. Fue hasta el año 1514 que Nicolás Copérnico por primera vez declaró que el sol estaba estacionado en el centro y que la tierra y otros planetas se movían en órbitas circulares alrededor de él. Pasó casi un siglo antes de que su teoría fuera tomada en serio.

La gran mayoría de las personas y aún de científicos negarían hoy la existencia de la *inteligencia o mente*, del *elemento eterno* y de la *materia espiritua*l como formas de materia. Como declaro Hawking: "…no podemos excluir la posibilidad de que *pudiera existir alguna otra forma de materia*, distribuida casi uniformemente a lo largo y ancho del universo, *que aún no hayamos detectado."*

La física quántica actual ha demostrado que ni el átomo, ni los protones y neutrones son indivisibles; los físicos actuales se hacen la misma interrogante que Hawking se hace. "¿Cuáles son las *verdaderas partículas elementales,* los *ladrillos básicos* con los que todas las cosas están hechas?" Ya hemos explicado en este libro que *inteligencia o mente* y *elemento eterno* son las *partículas elementales con los que todas las cosas están hechas.* Por ahora, la ciencia no lo ha detectado, pero el tiempo llegará cuando así será.

El conocimiento que Dios ha entregado al mundo lo ha hecho siguiendo siempre el mismo modelo: primero lo da a conocer por intuición o revelación a aquellos que tienen fe en él como la fuente de toda verdad y luego lo confirma al mundo por medio de las pruebas científicas. No obstante, entre el tiempo en que lo revela a los hombres de fe y el tiempo en que da a los científicos el poder para probarlo con hechos transcurren muchos años. El Creador siempre seguirá ese modelo: primero lo revela a quienes tienen fe y luego lo prueba por medio de la ciencia a los que buscan la verdad por medios científicos.

Hace muchos años Aristóteles creyó que todo en el universo estaba formado por tierra, agua, fuego y aire; luego Demócrito sostuvo que la materia estaba constituida por gran número de diferentes tipos de partículas indivisible llamadas átomos. Más tarde Ernest Rutherdord, en 1911, probó que los átomos tenían una estructura interna formada por un núcleo con carga positiva, alrededor del cual giran varios electrones. En ese entonces se creyó que se había llegado al descubrimiento de las partículas *elementales o indivisibles* de la materia; fue hasta hace unos pocos años que se probó que los protones y los electrones están formados por partículas aún más pequeñas que fueron llamadas Quarks. ¿Son los quarks las partículas elementales o primarias de toda forma de materia? No.

Las partículas elementales o primarias con las cuales toda creación inicia, son la inteligencia o mente y el elemento eterno.

Llegará el tiempo cuando el Creador de nuestra galaxia mostrará a los científicos el camino para detectar o probar la existencia de esas dos formas de materia de la cual todas las cosas están hechas.

Dios, Nuestro Creador, no nos subestima; nos creó a su imagen y semejanza; con el potencial y la semilla de la divinidad dentro de nosotros; con las posibilidades innatas de *ser* lo que él es y de *hacer* lo que él hace.

Toda la *materia espiritual* que llena el *Universo Organizado* tiene la *forma* o *imagen* que le ha asignado su Creador.

Las formas que la *materia espiritual* tiene van desde una partícula subatómica hasta un átomo, una molécula, una célula, una planta, un animal, un astro o un ser humano.

Materia mortal o temporal

La *materia temporal* está constituida por uno o más de los *elementos químicos* que conocemos (Helio, Fluor, Hiridio, Hidrógeno, Potasio, Oxigeno, Zinc, Mercurio, etc.).

La *materia mortal, temporal o tangible* es con la que más acostumbrados estamos, es observable con nuestros ojos mortales o con la ayuda de microscopios.

La *materia mortal* es el resultado de asociar *materia espiritual* con *elementos químicos* (hidrógeno, helio, oxigeno, hierro, nitrógeno, etc.).

Toda creación mortal o tangible posee inteligencia o mente y por lo tanto capacidad para recibir y emitir información; así como para obedecer.

La *forma o imagen* de la *materia mortal* está determinada por la *forma o imagen* de la *materia espiritual*.

Dentro de esta categoría de la *materia mortal, temporal o tangible* entran todas las cosas, grandes y pequeñas, que nos rodean y contemplamos. Los árboles, las montañas, los carros, los libros y las hormigas son ejemplos de *materia temporal*. Su dimensión varía desde una minúscula partícula subatómica hasta una gigantesca galaxia.

Todas las *creaciones temporales* poseen una *inteligencia o mente* asociado con *elemento eterno* y revestido con *elementos químicos*.

Cuando un *Ser inteligente y mortal* es despojado del *espíritu,* su *existencia temporal o mortal* como tal ya no es preservada; *la materia temporal o mortal (elementos químicos)* que vestían al *espíritu* se desorganizan y transforman.

La muerte no es más que la separación del *espíritu* de la *materia mortal o tangible* que lo envuelve. Al separarse, el *espíritu* continúa su existencia como una *identidad o Ser incorpóreo,* entre tanto la *materia mortal o tangible (elementos químicos)* se transforma para formar parte del suelo.

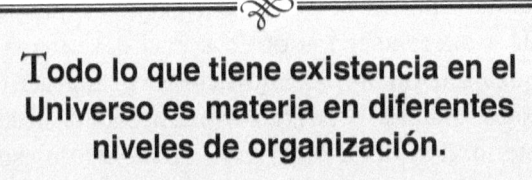

Todo lo que tiene existencia en el Universo es materia en diferentes niveles de organización.

Todo lo que existe en el *Universo Organizado* como materia mortal, física o tangible está hecha *de información* y *energía.*

Tomemos como ejemplo este libro que tienes en tus manos; es un objeto sólido; tú puedes tocarlo, sentirlo, distinguir su forma y verlo. Este libro está hecho de unidades pequeñas llamadas moléculas; estas moléculas están formadas de unidades más pequeñas llamadas átomos; estos átomos están compuestos de partículas aún más pequeñas. El átomo se compone de un núcleo de carga positiva formado por protones y neutrones, en conjunto conocidos como nucleón, alrededor del cual se encuentra una nube de electrones de carga negativa; esta nube de electrones gira sobre el núcleo a gran velocidad manteniéndose siempre a una determinada distancia del núcleo. Se estima que la nube de electrones gira a una velocidad no menor de siete mil billones de revoluciones por segundo.

Lo interesante y maravilloso es que un objeto en apariencia tan estático y sólido como este libro está formado completamente de partículas que carecen de solidez y que permanecen en constante movimiento.

Todos los objetos producto de la creación temporal o física son literal y verdaderamente paquetes u ondas de información y energía. Si esto es así, ¿Cómo es que podemos distinguir y diferenciar los objetos uno del otro si ambos son paquetes u ondas de información y energía? Porque cada objeto, materia o energía vibra a distinta frecuencia. Es de este modo que la *inteligencia o mente* de ese objeto irradia o comunica su existencia a otras inteligencias.

¿Por que vemos los objetos como si fueran sólidos cuando no son más que energía en constante movimiento? Porque ese movimiento o suceso ocurre a la velocidad de la luz, y a esa velocidad nuestros sentidos, que funcionan a una velocidad lenta, no pueden procesar la información a ese nivel, resultando que toda esa información se recibe como un paquete de información que se aprecia como libro o cualquier otro objeto.

Si pudiéramos ver el mundo con visión cuántica, veremos que no hay solidez; que todo el mundo está lleno de energías en constante movimiento, vibrando en diferentes frecuencias, influyéndose e interrelacionando.

Desde un punto de vista cuántico cada vez que tocamos un objeto o entramos en contacto con una persona nuestro campo de energía choca con el de la otra persona; algunas pequeñas porciones se funden y luego te separas. De tal manera que en esta interrelación cedes un poco de tu campo de energía y recibes algo de la otra persona.

Con cada creación que interactúas o te relacionas intercambias energía. Permanece, siempre que puedas, en lugares, con objetos y personas que te aporten energía positiva.

Primera creación: Creación espiritual

La riqueza que quieres crear debes *crearla primero espiritualmente* para que luego se pueda manifestar como una *creación mortal, temporal o tangible.*

La *materia espiritual,* que ha sido previamente creada por Dios, es el *componente primario* con el que los seres humanos organizamos nuestras creaciones por el poder del pensamiento cargado de certeza y convicción.

Todas las creaciones que llenan el *Universo Organizado* tuvieron como punto de inicio o existencia dentro del *Universo Organizado* como *materia espiritual* el momento en que su Creador asoció la *inteligencia o mente* con el *elemento eterno* que la componen.

El proceso de *creación espiritual* trajo al Universo Organizado la *inteligencia o mente* y el *elemento eterno* ya asociados con la *forma o imagen* de una *creación espiritual específica*.

Materia espiritual y materia mortal son bloques de construcciones o creación disponibles a Dios y a los Hombres.

Todas las creaciones, desde la más diminuta hasta la más vasta o gigantesca, pasan por este mismo proceso de *Creación Espiritual* para tener existencia en el Universo Organizado. Ya sea que hablemos de la creación de un átomo o un planeta, de un electrón o una galaxia, el proceso es el mismo.

Todas las cosas son Creadas Espiritualmente en una Primera Creación antes de ser Creadas Temporalmente o Segunda Creación.

El conocimiento, de que *todas* las cosas tienen que ser creadas *espiritualmente primero antes de ser creadas temporalmente* en forma tangible, es de suma importancia para tu propósito de crear riqueza ilimitada; porque si tú quieres gozar de los beneficios del dinero y la riqueza material tienes que *crearla primero con materia espiritual.*

Es hasta que la *creación espiritual* está hecha que la *creación temporal o mortal* entra en operación para manifestar en el mundo mortal *la imagen o forma* que le imprimió su Creador.

¿Por qué es necesario que entendamos este proceso de Creación si lo que queremos es dinero y riqueza material? Porque la riqueza que queremos crear lo haremos siguiendo ese mismo proceso de creación.

Sin importar lo que queremos lograr; todo logro o resultado debe primero ser creado *espiritualmente –creación primera-* para que la *creación objetiva, tangible, mortal y concreta –creación segunda-* se manifieste en el mundo temporal.

**La Segunda Creación,
La Creación Temporal o Tangible
de las cosas no es posible sin
que primero se lleve a cabo la
Creación Primera o Creación Espiritual.**

Es importante señalar que toda forma de *creación espiritual* y *creación material* tienen la capacidad de obedecer.

Es la *inteligencia o mente* que poseen todas las creaciones la que le permite *obedecer* al poder del Ser creador.

De todas las facultades que el ser humano posee, ninguna es más importante que la facultad de pensar, porque es por medio del pensamiento que el ser humano lleva a cabo la creación espiritual de todas las cosas.

Es por medio del *pensamiento cargado de convicción y certeza* que el Ser creador manda a todos los componentes espirituales organizarse de acuerdo a la *semejanza, forma o imagen* que él desea.

La riqueza que tú quieres nunca la obtendrás a menos que *primero* la crees *espiritualmente* por medio del poder del *pensamiento* cargado de fe respecto a lo que se desea.

Los *bloques primarios* que utilizarás para llevar a cabo la creación espiritual de lo que deseas *son las creaciones espirituales que Dios organizó*. Recuerda que sólo Dios puede usar la *inteligencia o mente* y el *elemento eterno* para organizar creaciones espirituales.

Para llevar a cabo tu creación espiritual de la riqueza que deseas utilizarás las *creaciones espirituales* que Dios ya organizó y que existen en innumerables *formas*.

Inteligencia organizada o espíritu

Sabemos que una vez que una *inteligencia o mente pura* ha sido incorporada al *Universo Organizado*, como *inteligencia organizada o espíritu*, es asignada a una *forma* de creación; se le da la ley, límites y condiciones; y llega a ser independiente para actuar dentro de esa esfera; solo de esta manera es que una *inteligencia o mente* puede llegar a *experimentar existencia como reino o creación*.

La inteligencia o mente **no** asociada con *elemento eterno* no es una creación pues existe por si misma sin haber sufrido ningún tipo de organización o formación.

Una vez que la *inteligencia o mente* es organizada -asociándola con *elemento eterno*- esa *inteligencia* es asignada a una forma de creación específica durante un tiempo de prueba; si la inteligencia no llena *la medida de su creación*, desempeñándose como su Creador lo señala, y traspasa la ley y límites señalados; es decir, no crece y ensancha para cumplir las funciones que debe manifestar como esa nueva creación; entonces quien la creo tiene el poder de desorganizarla por cuanto no lleno su medida.

La creación, forma o imagen asignada llega a ser el ambiente de prueba para esa *inteligencia o mente*; y se espera que ella crezca, progrese y se desarrolle; y que obedezca la ley y los límites señalados; y que llene la medida de su creación por el tiempo establecido. Llega un momento en que esa *inteligencia o mente* ha sido suficientemente probada y entonces es asignada *permanentemente* a ese nivel de organización o creación.

En el momento que una inteligencia o mente es asignada a una creación específica adquiere la identidad de una forma, imagen o semejanza particular y definida.

Más adelante, en este libro, te explicaré más profundamente como ejercer el poder creador por medio del pensamiento.

Por ahora lo más importante es que tengas claro que todos aquellos que alcanzaron grandes riquezas o cualquier otro logro significativo, lo hicieron llevando a cabo la *creación espiritual* primero por medio del pensamiento de fe.

Tú creas los resultados que quieres con el poder de tus pensamientos, ya sea para bien o para mal tuyo. Tu mente y los pensamientos que comunicas son como un gigantesco imán que atrae hacia ti los resultados que son congruentes con la naturaleza de tus pensamientos.

La materia es capaz de obedecer

Todas las creaciones, sin excepción, tienen inteligencia y capacidad para obedecer al Poder Creador.

Todas las creaciones tienen *inteligencia o mente* y por lo tanto poseen la *capacidad de obedecer*. Fue basado en este principio que Dios le dijo a Adán, en el momento de su creación, que le daba dominio sobre todas las creaciones. Esto es posible porque todas las creaciones, sin excepción, tienen *inteligencia y capacidad para obedecer* al Poder Creador. No es de extrañar entonces que afirmemos que el tema de este libro es aprender a ejercer el *Poder para Crear Riqueza Ilimitada*.

Todas las creaciones, espirituales o temporales que llenan el Universo Organizado, obedecen al Poder Creador. Tanto el átomo espiritual como el átomo temporal porque ambos están dotados de inteligencia y ambos son materia.

¿Quieres dinero y riqueza en abundancia? Crea ese dinero y esa riqueza espiritualmente primero mediante el poder de tus pensamientos.

Por que entender la materia

Cuanto mejor comprendemos la naturaleza y atributos de la materia, mayor será nuestro poder para transformarla y organizarla en la materia que buscamos: riqueza.

¿Por qué explicar con el mayor detalle posible todo este tema de la materia y sus formas de existencia? La riqueza es materia y tienes que crearla. Cuanto mejor comprendes la naturaleza y atributos de la materia, mayor será tu poder para transformarla y organizarla en la materia que buscas: riqueza.

El conocimiento da poder; conocer las leyes que gobiernan y controlan la materia te permitirán manejar y aplicar esas leyes para Crear la clase de materia que buscas: Riqueza.

Este Libro trata de Crear Riqueza siguiendo el modelo de creación que emplea Dios.

Comunicación de conocimiento esporitual

En el nivel espiritual el conocimiento no llega por medio de nuestros sentidos; es comunicado directamente a nuestra inteligencia o mente como si NO tuviéramos un cuerpo físico. Es por esta razón que las experiencias espirituales o la comunicación que se recibe por medios espirituales tienen una impresión mucho más profunda en nosotros que la que recibimos por los sentidos de nuestro cuerpo mortal.

El conocimiento que procede de la esfera espiritual es comunicado por medio de la revelación o intuición.

Es por medio de la revelación o intuición que los hombres santos han recibido conocimiento sagrado; que los científicos descubren nuevas verdades; que a los inventores les es comunicado nuevas ideas; que los filósofos interpretan el universo y el hombre desde nuevos y más completos enfoques; y que se ilumina a los hombres y mujeres en la búsqueda de la verdad y la solución a desafíos de la vida que sobrepasan la comprensión racional.

Algunos teóricos creen que el conocimiento que viene por medio de la revelación o intuición es un conocimiento inconciente que proviene de zonas del cerebro que no están asociados con el pensamiento racional y que por esta razón es imposible expresarlo en términos de razonamiento y de allí su mayor afinidad a las emociones y el pensamiento no verbal.

Fuentes de conocimiento

Para llevar a cabo tu deseo de riqueza necesitarás conocimiento sobre lo *que* debes hacer y *cómo* hacerlo. No te preocupes, tienes a tu disposición una biblioteca de conocimiento e ideas sobre cómo lograr todo lo que quieras.

Existen cuatro fuentes de conocimiento a las que puedes recurrir para lograr tu propósito de crear riqueza ilimitada. : La Inteligencia Infinita, La Mente Universal, El Subconsciente y el Conciente.

La Inteligencia Infinita es la fuente suprema de verdad y conocimiento. No hay ninguna verdad restringida al Gran Creador; él todo lo sabe.

La Mente Universal compuesta por el conocimiento *conciente y subconsciente de todos los seres racionales e inteligentes* que viven, han vivido y vivirán. La Mente Universal se mueve en una esfera en la que el tiempo y el espacio se funde en un HOY y AQUÍ. En esta fuente todos los seres inteligentes y racionales somos antenas receptoras y emisoras de pensamientos.

El **subconsciente** es la parte de la mente en la que almacenamos el conocimiento que hemos obtenido a lo largo de los millones de años de existencia como inteligencia o mente.

El conciente es el conocimiento que adquirimos en esta vida mortal por medio del estudio, la experiencia y la observación y que queda registrado en nuestro cerebro.

> El conocimiento recibido por revelación o intuición puede proceder de tres fuentes: La Inteligencia Infinita, La Mente Universal y El Subconsciente de nuestra mente.

De las cuatro fuentes mencionadas antes, lo que tu conciente sabe está disponible en todo momento sin ningún esfuerzo adicional; para recibir luz y conocimiento de las otras tres fuentes, se requiere que tu mente esté en un estado de fe que abra la puerta de la intuición o revelación que comunica a ellas.

Para Crear Riqueza lo que importa es poner en tu mente el pensamiento del logro *ya realizado*. No te preocupes de *cómo* lo lograrás; el *cómo* te vendrá por revelación o intuición.

Tú ocúpate de poner a tu mente conciente en un estado de fe con los pensamientos, imágenes y sentimientos de lo que quieres; la manera de lograrlo, de llevarlo a cabo te vendrá por revelación o intuición de cualquiera de las tres fuentes poderosas de conocimiento.

**Concentra tu mente en el qué,
para que el cómo te sea revelado.**

Nuestra espiral de crecimiento

La *inteligencia o mente* y *elemento eterno* tienen existencia por si mismo, es decir, nunca fueron ni son creados; pueden ser objeto de organización y desorganización; pero no pueden ser destruidos.

Inteligencia o mente y *elemento eterno* son las dos formas más simples de existencia de la materia, ya no pueden ser reducidos a una forma más simple. Pueden ser organizados en una forma más avanzada de crecimiento, y desorganizadas de nuevo a su forma original o más simple.

Sabemos que en algún momento de nuestra existencia nuestra *inteligencia o mente* fue asociada, mediante el Poder Creador de Dios, con *elemento eterno* y llegamos a ser *espíritu*, o sea *inteligencia organizada.*

> **N**uestra misma existencia no tuvo un comienzo; como inteligencia o mente somos inmortales y eternos, coexistíamos con Dios. Nosotros fuimos en el principio una inteligencia o mente desprovista de todo otro elemento o forma de materia; éramos inteligencia pura.

A nuestro tiempo de existencia como *inteligencia o mente* lo llamamos *estado puro de existencia* puesto que no habíamos sido objeto de ninguna forma de organización.

En el momento que fuimos organizados como *espíritus –inteligencia o mente asociada con elemento eterno-* entramos a nuestro *primer estado de probación y desarrollo.*

Fue por haber progresado satisfactoriamente en este *primer estado de probación o desarrollo espiritual* que se nos añadió o crecimos a nuestro *segundo estado tangible o temporal de desarrollo* como seres mortales en este mundo terrenal.

Nuestro crecimiento no termina en este *segundo estado* que ahora estamos; tenemos posibilidades de crecimiento sin límite al entrar a nuestro último y *tercer estado de desarrollo* como *inteligencias corpóreas resucitadas.* Este es el estado que alcanzó Jesús el día que se levantó del sepulcro en Jerusalén.

Nuestra *espiral de crecimiento* sigue el siguiente orden:

Estado puro de existencia:

Primero éramos *inteligencia o mente pura*, existíamos por nosotros mismos en el Universo No Organizado, sin necesidad de un poder que nos creará.

Primer Estado o Estado Espiritual:

Luego nuestra *inteligencia o mente* fue asociada con *elemento eterno* y llegamos a ser *espíritu,* quedando de aquí en adelante relacionados a un mundo *creado espiritualmente.*

Segundo estado o Estado Mortal:

Después se vistió a nuestro espíritu con un cuerpo temporal de carne y huesos –*elementos químicos*- llegando a ser *almas vivientes y mortales,* aquí la muerte física provoca de nuevo la separación de nuestro *espíritu* y los componentes mortales -*elementos químicos*- de nuestro cuerpo terrenal vuelven al seno de la tierra.

Tercer Estado o Estado Glorificado:

Finalmente avanzaremos a nuestro *tercer y último estado* mediante el proceso de *resurrección* en el que nuestro *espíritu* se unirá nuevamente y para siempre a nuestro cuerpo temporal que será reunido en todas sus partes y que, vivificado por el espíritu, ya no por la sangre, nos convertirá en *seres inmortales y glorificados.* Somos Materia en movimiento, con infinitas posibilidades de crecimiento, aprendizaje y desarrollo.

**En esta espiral de la vida
somos materia en movimiento;
en constante crecimiento.**

Lo que es eterno no puede dejar de existir y nuestra inteligencia o mente es eterna, nunca fue creada. Nuestra existencia no se termina con el fin de la vida mortal; la muerte solamente es el nacimiento a un nuevo estado de existencia.

Solo las inteligencias o mentes que irradian mayor luz e intención de desarrollo y crecimiento son asociadas con elemento eterno para formar los espíritus de los hijos de Dios.

Una inteligencia puede ser asignada a una partícula subatómica, o a un átomo, una célula, una planta, un animal, o a un astro. Solamente las *inteligencias o mentes* que *irradian mayor luz e intención de desarrollo y crecimiento* son asociadas con *elemento eterno* para formar *los espíritus de los hijos de Dios.*

El Hombre y la Mujer son el coronamiento de todas las creaciones de Dios. El problema con nosotros no es que sobreestimamos lo que somos y lo que podemos llegar a ser; sino que por el contrario subestimamos nuestra capacidad y potencial.

Cada ser se reproduce según su propia especie; nosotros pertenecemos a la familia de Dios; las únicas creaciones hechas a su imagen y semejanza; nuestro potencial es ilimitado; desde el momento que somos creados espiritualmente como hijos espirituales de Dios, se nos abrió una puerta al progreso y desarrollo que sobrepuja aún nuestra imaginación.

La pérdida del conocimiento de quienes somos y de lo que podemos llegar a ser, es lo más triste que le ha acontecido al ser humano.

Jesús, conocido como el Cristo, es el *primogénito* de Dios el Padre; es decir el *primer* hijo espiritual de Dios. El es también el único ser mortal que nació de una mujer mortal, María, y de un Padre Inmortal, Dios. Es por eso que se le llama el *unigénito* del Padre; o sea, el *único* hijo de Dios en la carne.

Durante su ministerio terrenal Jesús siempre enseñó a sus discípulos que ellos tenían el poder, mediante la fe, de hacer cualquier cosa para su bienestar. Que ellos podían mover montañas, caminar sobre las aguas, sanar a los enfermos, devolver la vida a los muertos; en fin, hacer todas las cosas que él mismo les había mostrado.

¡Es tiempo de que vivas en base a esta verdad, que creas firmemente en tu potencial de logro ilimitado; que deseches toda creencia errónea que pone grilletes y cadenas a tus posibilidades gloriosas de progreso y desarrollo!

¡Tu eres hijo o hija espiritual de un Padre y una Madre Universal; heredaste de ellos las capacidades para llevar a cabo logros grandiosos! Tu **NO** naciste para vivir una vida llena de pobreza y privaciones; es el deseo y la voluntad de Dios que progreses y te desarrolles; que tengas todos los bienes y servicios que necesitas para pulir tu alma y satisfacer todas tus necesidades básicas o fisiológicas y las necesidades de crecimiento o psicológicas.

Lee cuidadosamente cada página de este libro, analiza y medita sus enseñanzas; sentirás en lo más profundo de tu ser su veracidad; una verdad que te dice que eres hijo o hija espiritual de Dios y que tienes la capacidad para lograr una vida llena de abundancia material y espiritual.

No te conformes, de aquí en adelante, con lo menos; llena tu mente de pensamientos de abundancia; deja que esa inconformidad constructiva crezca dentro de ti y empieza hoy mismo a reclamar lo que por legítimo derecho te corresponde en esta vida: vivir una existencia llena de abundancia.

Este es el gran secreto de toda la Creación y es el gran Poder de Creación que posee Dios. Poder que él ha heredado a su progenie espiritual –nosotros- y que podemos conocer, y comprender para Crear la Riqueza que deseamos.

Ahora si estamos listos para conocer como se ejerce el gran secreto de todos los tiempos: El Poder para Crear.

CAPITULO 3

EL PODER PARA CREAR RIQUEZA

*"Por la fe entendemos haberse constituido
el universo…, de modo que lo que se ve
fue hecho de lo que no se veía."*
Hebreos 11:3

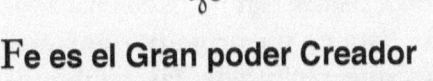

Fe es el Gran poder Creador

La clave de todo progreso, crecimiento, logro y desarrollo consiste en aprender a ejercer el Poder para Crear; este poder es el Poder de la Fe.

Todo el capitulo 11 de la epístola de Pablo a los Hebreos, está dedicado a enseñar y demostrar la fe como un principio con poder mediante el cual Dios creó el Universo y los seguidores de Cristo hicieron milagros. Los Libros Sagrados de todas las religiones del mundo enseñan una y otra vez la necesidad de la fe como fuente de poder. Ese Poder para Crear es conocido en la literatura cristiana como fe; otros le llaman Poder de atracción, Poder del subconsciente, poder Universal; todas se refieren a lo mismo; al Poder para Crear.

La Biblia nos relata la historia de un hombre que tenía un hijo que era atormentado por un espíritu mudo y que, como él hombre le explicó a Jesús, *"dondequiera que le toma, le sacude; y echa espumarajos, y cruje los dientes, y se va secando."* Jesús le preguntó: *"¿Cuánto tiempo hace que le sucede esto?"*; el hombre le contestó: *"Desde niño."* El padre del muchacho, en un ruego dijo: *"si puedes hacer algo, ten misericordia de nosotros, y ayúdanos."*

Cuando Jesús escuchó la expresión: ***"si puedes** hacer algo"*, **percibió la falta de fe** del hombre y le dijo: *"**Si puedes creer**, al que cree todo le es posible."* Esto se lo dijo el Maestro porque aunque él desee, pueda y quiera ejercer el poder para sanar; no puede hacerlo a menos que tengamos fe. **Este es un principio universal: todas las bendiciones que recibimos, las recibimos por fe. No hay otra manera.**

El hombre, comprendiendo las palabras de Jesús; humildemente reconoció su falta y suplicó: *"Creo; ayuda mi incredulidad."* Era como si este hombre le dijera: "Señor, ahora entiendo lo que me has dicho y yo te creo;

perdona mi incredulidad y dame más fe." Como resultado del poder combinado de la fe de Jesús y la fe del hombre, el muchacho fue sanado. (Marcos 9:18-24)

Que es la fe

Como la ley de gravedad, la fe, es un principio o ley que tiene existencia en si mismo independientemente de todo; es el principio que concede poder para controlar y dominar todas las cosas.

Fe es un estado mental en el que intervienen pensamientos de certeza y convicción respecto a lo que se desea, e imágenes y sentimientos congruentes con estos pensamientos.

En la epístola de Hebreos, en la Biblia, en el Capitulo 11, versículo 1 leemos: "Es, pues, la fe *la certeza* de lo que se espera, *la convicción* de lo que no se ve." Como podemos observar de esta definición, fe es un pensamiento cargado con sentimientos.

Todo lo que existe en el universo responde y obedece al poder de la fe. ¿Por qué obedece la materia ante el poder creador de la fe? Primero, porque toda forma de materia que llena el Universo Organizado está provista de inteligencia y por lo tanto tiene capacidad para obedecer; segundo, porque la fe está instituida como el primer principio de poder en todos los seres inteligentes y racionales. Todo lo que tenemos o hemos recibido, sea un logro material o una bendición espiritual, lo hemos obtenido por razón de nuestra fe.

Fe es el primer gran principio gobernante que tiene poder, dominio y autoridad sobre todas las cosas.
José Smith

La fe es el principio de poder tanto en Dios como en el hombre. El poder que Dios utilizó para crear todas las cosas fue el poder de la fe, y este es el mismo poder que nosotros usamos para crear la riqueza material que buscamos.

Todo lo que hoy observamos en el mundo tangible es producto de la fe. Nuestras circunstancias actuales, el nivel de vida que vivimos, los bienes que tenemos; todo es una manifestación de nuestra fe.

Es con el poder de la fe, desatado por medio del pensamiento, las imágenes y sentimientos que se originan en la mente, que creamos, formamos y modelamos el mundo que nos rodea.

¿Como se ejerce la fe o poder creador?

La fe no se ejerce con esfuerzo físico, tampoco con esfuerzo cerebral; se ejerce con esfuerzo mental y la palabra mediante el uso del pensamientos, imágenes, formas y semejanzas congruentes con lo que se espera o desea obtener.

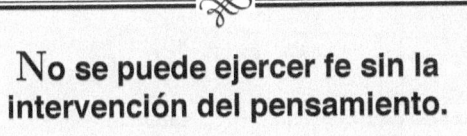

No se puede ejercer fe sin la intervención del pensamiento.

Hemos explicado que mente y cerebro no son lo mismo; como espíritu y cuerpo físico tampoco lo son.

La mente es la *inteligencia* y reside en el *elemento eterno*. *Inteligencia o mente* y *elemento eterno* asociados constituyen el *espíritu* del hombre. Así que la mente reside en el espíritu; entre tanto que el cerebro en el cuerpo físico.

Si no fuera por el ejercicio de la fe, la materia o energía no pudiese ser modelada para formar creaciones de distinta estructura, color, dimensión y forma. Así que todas las cosas existen y permanecen organizadas por el poder de la fe que se origina en la mente de los seres inteligentes y racionales.

El Poder para Crear implica que veamos con el ojo de la fe. Ver con el ojo de la fe es ver y disfrutar el futuro ya realizado.

Si la fe se terminase, la existencia de todas las cosas se desorganizaría. El Poder para Crear implica que veamos con el ojo de la fe; ver con el ojo de la fe es visualizar mentalmente el deseo ya realizado.

Nuestros ojos mortales jamás contemplarán logro alguno que no hayamos visto primero con el ojo de la fe.

El ejercicio de la fe es el poder que controla, domina y gobierna todas las cosas; ejerciendo fe se mueven y organizan los elementos para que actúen de acuerdo con nuestros deseos de fe. **Dios no usa un poder diferente al que está disponible para nosotros**.

La fe es el principio de poder tanto en el hombre como en Dios; si queremos ejercer poder sobre las cosas, debemos hacerlo por medio de la fe. Este es un principio universal disponible para todos los seres inteligentes y racionales.

El pensamiento cargado de convicción es el único poder capaz de crear riqueza tangible a partir de la materia espiritual

Cuando el ejercicio de la fe decae en un hombre, éste pierde la causa móvil que lo impulsa a toda acción; sin ella su mente y su cuerpo caen en un estado de inactividad, tanto física como mental; su crecimiento se detiene y pierde capacidad de logro.

Toda materia que ocupa nuestro planeta y el Universo Organizado tiene *inteligencia o mente* y por lo tanto capacidad para pensar y obedecer. Toda materia que existe en el Universo Organizado ésta disponible a nuestro deseo.

El pensamiento cargado de imagen, forma o semejanza produce en la materia la forma, imagen o semejanza pensada

Como escribió Wallace D. Wattles: "cada forma y proceso que usted ve en la naturaleza es la visible expresión de un pensamiento en la sustancia original"; o como lo expreso Pablo, el apóstol de Jesús: "de modo que lo que se ve fue hecho de lo que no se veía". Todo lo que posees, ya sea que estés o no conciente de ello, lo has obtenido por medio del ejercicio de la fe cargada de pensamientos de imagen, forma y semejanza.

Es el pensamiento el que crea todas las cosas.

El *pensamiento de imagen o forma* del Ser Creador es comunicado a la inteligencia de la materia y cuando esta capta el *pensamiento de forma* se pone en acción para *moldearse* conforme a la *forma*. Esta es la manera en que todas las cosas fueron, son, y serán creadas. Este es el medio que está a tu disposición para crear toda la riqueza material que desees. Ahora que ya comprendes los principios fundamentales y el proceso de creación, tienes en tu mente conocimiento que se constituye en una gran fuente de poder.

Vivimos en un mundo inteligente y pensante que es parte de un Universo inteligente y pensante. La materia inteligente capta la forma que le comunica el pensamiento de la mente creadora y se mueve para adoptar esa forma.

El pensamiento -imágenes, ideas, sentimientos- de la mente Creadora es comunicado a la inteligencia o mente de la materia; *cuando esta inteligencia percibe que la intención de la mente creadora es firme, se mueve para adoptar la forma pensada.*

Nuestras intenciones manifestadas por medio del

pensamiento tienen un poder infinito de organización; Toda intención se manifiesta por medio del pensamiento de un deseo.

"Nuestras intenciones atraen los elementos y fuerzas, los sucesos, las situaciones, las circunstancias y las relaciones necesarias para alcanzar su resultado."
Deepak Chopra

"Ningún pensamiento de forma puede ser impreso en la sustancia original sin causar la creación de la forma."
Wallace D. Wattles

"Lo que la mente puede concebir y creer, la mente puede realizar."
Napoleón Hill

El hombre es un Ser inteligente o pensante; en su estado normal no puede permanecer sin pensar, está constantemente comunicando o irradiando pensamiento; todas las formas que el hombre crea con sus manos deben pasar primero por el proceso de *creación espiritual* por medio del pensamiento. No se puede crear algo sin primero pensar ese algo. La *creación espiritual* es el cimiento sobre el cual construirás en el mundo tangible y temporal; sí, la riqueza que deseas.

> Todas las cosas deben pasar primero por una creación espiritual. No se puede crear algo en el mundo tangible sin primero pensar ese algo.

La ley de atraccion

La ley de atracción nos enseña que atraemos a nuestra vida lo que creamos en nuestra mente. La energía -pensamiento- que irradiamos atraeré la misma clase de energía -resultados-. Si nuestros pensamientos están cargados de energía negativa, atraemos resultados negativos. Si nuestros pensamientos están cargados de resultados positivos, atraeremos esos resultados.

Si nuestros pensamientos dominantes son fatalistas, negativos o pesimistas, igualmente lo serán los resultados que obtendremos. Recordemos que las circunstancias, situaciones, condiciones y posesiones que nos rodean las hemos creado nosotros mismos, conciente o inconcientemente, con los *pensamientos de forma* que comunicamos a la materia inteligente que ocupa el espacio en espera de organización.

Nada es más importante en el proceso de Crear Riqueza que estar concientes de nuestros pensamientos dominantes porque todo lo que pensamos se reproducirá en nuestro mundo tangible.

Albedrío moral:
Responsabilidad personal

Hay verdades que a veces son duras de decir o de escuchar, pero que son necesarias. Somos lo que somos y tenemos lo que tenemos, porque nosotros mismos lo hemos creado con la calidad de nuestros pensamientos. No podemos culpar a nadie de nuestra situación actual; *somos los únicos responsables*; transferir la responsabilidad a cualquier otra persona o situación no hará ningún cambio favorable. Cada uno de nosotros es el arquitecto de su propia vida y escribe su propia historia.

Como seres inteligentes y racionales que somos, gozamos de *albedrío moral*, la responsabilidad personal para tomar nuestras propias decisiones. Evadir la responsabilidad personal nos vuelve débiles y detiene nuestro progreso.

El albedrío moral nos otorga el derecho a elegir libremente y nos hace responsables de nuestro propio crecimiento y desarrollo.

Cuentan que una vez unos jóvenes querían poner a prueba la sabiduría de un anciano que era muy respetado en la ciudad por sus enseñanzas. Uno de los jóvenes tomo un pajarillo en sus manos, fue ante el anciano con las manos escondidas atrás de su espalda y le preguntó: ¿Tengo un pájaro en mis manos; dime si está muerto o vivo? El plan del joven era este: si me dice que esta vivo, lo apretaré entre mis manos y lo mataré; si me dice que está muerto se lo mostraré con vida. La respuesta del anciano fue: "La decisión esta en tus manos".

A cada uno de nosotros se nos ha dando una mente o inteligencia que podemos controlar concientemente de manera constructiva o dejarla a merced de pensamientos negativos; *la decisión está en nuestras manos; es nuestra vida*.

Desarrollar el Poder Creador de la Mente es una decisión conciente. Si usted quiere, usted puede.

La verdad

Los Seres inteligentes y Racionales existimos para tener gozo en abundancia; esta es la verdad; gozo que viene de experimentar salud, riqueza y amor. Tenemos que aprender a concentrar nuestros pensamientos en esta VERDAD.

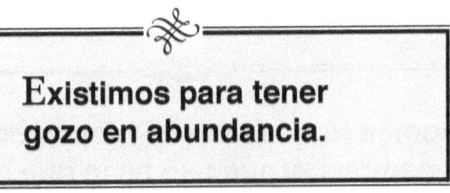

Existimos para tener gozo en abundancia.

Muchas religiones enseñan a un Dios que se complace en juzgar con rigidez, castigar a sus Hijos y enviarles pruebas y desafíos constantemente. Esta enseñanza es falsa; Dios es sobre todas las cosas un Dios de amor; El no se goza en dar sufrimiento a sus hijos; El se goza en dar a sus hijos aquellas cosas que les traen una felicidad verdadera y duradera; esos dones son salud, riqueza y amor.

Muchas personas bien intencionadas, inconcientemente, culpan a Dios de casi todos los desafíos que experimentan. Muchos de ellos dicen "Esta enfermedad es una prueba de Dios", "Dios me está probando con estos desafíos financieros", eso no es cierto; Dios no se complace en hacer sufrir a sus hijos; aún nosotros, con toda nuestra imperfección, tampoco haríamos sufrir a nuestros hijos. Dios se complace en bendecir, socorrer, ayudar, y aliviar las cargas de sus hijos. El Dios que yo conozco es un Dios que bendice a Sus hijos con salud, riqueza y amor; que cuando perdemos uno de estos preciados bienes, aún por nuestros propios errores, si rectificamos, está dispuesto a socorrernos.

Yo creo que muy pocas, sí, muy poquísimas situaciones adversas que enfrentamos en la vida podrían venir de Dios; la inmensa mayoría de las situaciones abrumantes y dolorosas que enfrentamos son producto de nuestra manera de pensar, las hemos creado con nuestro patrón o modelo de pensamientos dominantes.

Somos lo que somos y tenemos lo que tenemos porque eso es lo que hemos creado, conciente o inconcientemente, con los pensamientos dominantes que han ocupado nuestra mente.

Cambiemos nuestro patrón de pensamientos y cambiaremos lo que seremos y conseguiremos.

Aunque parezca duro tenemos que aceptarlo, si es que queremos cambiar las condiciones que nos rodean. Nosotros escribimos nuestra propia historia; somos los arquitectos y constructores de nuestra vida.

Se que esto es duro de aceptar ; yo he bebido ese trago amargo más de una vez; yo fui diagnosticado con una enfermedad "incurable" llamada Miastenia Gravis, fue doloroso para mi reconocer que yo mismo me provoqué la enfermedad; lo analicé bien y no tuve más remedio que aceptar que así era. Yo me provoque una enfermedad "incurable" con el patrón negativo de pensamientos que ocupaban mi mente en aquel entonces. Eso ya quedó atrás, mi manera de pensar cambió y en la medida que cambié mi patrón de pensamientos negativos por otro de pensamientos positivos, también mi situación comenzó a cambiar.

> ## Riqueza, Salud y Amor
> ## son la VERDAD
> ## de nuestra existencia.

La pobreza, la enfermedad y el odio no son estados naturales o verdaderos de nuestra existencia. Son *alteraciones de la verdad*. Aprende a vivir -pensar- la verdad en medio de personas y situaciones que son alteraciones falsas de la clase de existencia que el Creador quiere para ti.

Lograr este control de la mente requiere poder de voluntad y esfuerzo conciente. No es fácil concéntrarnos en nuestro estado natural de VERDAD (salud, riqueza y amor) cuando estamos rodeados de tantas personas y situaciones que representan alteraciones FALSAS del propósito de nuestra existencia.

Recuerdo un pequeño experimento que mi maestra de ciencias de tercer grado nos pidió que hiciéramos; es probable que tú también lo haz hecho; nos pidió que pusiéramos tierra en un pequeño recipiente, plantáramos dos semillas de frijol, mantuviéramos húmeda la tierra y tapáramos el recipiente colocando una caja de cartón sobre el. La caja de cartón debía tener un pequeño agujero por donde penetrara la LUZ; yo hice el agujero a un lado de la caja y muy cerca de la parte inferior, así que la poca luz penetraba al interior de la caja desde un lado no muy cómodo para la futura planta. En pocos días la semilla germinó y a medida que la planta empezó a crecer observé que su color no era verde intenso sino mas bien amarillento, para mi asombro de niño a medida que la planta crecía comenzó a inclinarse y a crecer en dirección al rayo de luz. Después de un par de semanas la planta había llegado hasta el agujero y comenzado a salir al exterior a través de él. Cuando salió al exterior comenzó a tornarse verde intenso, su color natural. Aprendí que las plantas NATURALMENTE buscan la LUZ que les da vida y color. Que cuando hay un obstáculo que les impide recibir la LUZ directamente desde arriba, ellas redireccionan su crecimiento en busca de la LUZ. Este atributo y capacidad de las plantas se llama heliotropismo.

Hemos aprendido que todas las creaciones poseen *inteligencia* y que por lo tanto tiene capacidad para *pensar* y *escoger vivir su estado natural*. La planta, usando su inteligencia busca vivir su estado natural hacia la LUZ.

Nosotros, los Seres racionales e inteligentes, la creación suprema del Universo, las inteligencias más desarrolladas, también podemos, concientemente, buscar vivir nuestro estado natural de gozo para el que fuimos creados, también podemos hacer uso del heliotropismo y hacer que nuestros pensamientos crezcan en dirección a la VERDAD. Son las alteraciones FALSAS de la verdad, los pensamientos de enfermedad, pobreza y odio los que en ocasiones dominan nuestro conciente y nos alejan de la salud, la riqueza y el amor.

Acepta esta VERDAD, no te dejes engañar por las ALTERACIONES FALSAS; los hombres y mujeres existimos para tener gozo en abundancia y el gozo viene a nuestra vida si tenemos salud, riqueza y amor. Ejerce tu poder de voluntad para alejar de tu mente las alteraciones falsas de tu estado natural de existencia.

El antepasado de nuestro presente son los pensamientos dominantes que ocuparon nuestra mente.

Cuando un pensamiento falso entre a tu mente, sácalo inmediatamente. La fe y la duda, la riqueza y la pobreza, la seguridad y el temor, la salud y la enfermedad, el amor y el odio, no pueden habitar el mismo lugar al mismo tiempo.

Deja que tu mente sea habitada por pensamientos de salud, riqueza y amor; verás como este pensamiento es comunicado a la materia inteligente y esta comienza a adquirir la forma de tu pensamiento y a manifestarse en tu vida.

¿Cuál es nuestro futuro? Los pensamientos de ayer.

La primera materia que utilizas para crear la riqueza material que deseas es la materia espiritual; sobre ella actuará el ejercicio de tu fe.

Piensa e *imagina* lo que deseas, *siéntete* en posesión de ello; este pensamiento de fe será *comunicado* a la inteligencia de la materia espiritual y esta *obedecerá* para moldearse y tomar la forma, imagen y semejanza de tus pensamientos para crear *espiritualmente* lo que quieres.

La materia espiritual inteligente obedecerá solamente si la intención de tus pensamientos es *firme y constante* en cuanto a lo que quieres. No des lugar a la duda o al temor; concentra tu mente y pensamientos en lo que quieres que suceda; cuanto más concentración y pensamiento pongas en cuanto a lo que quieres, más rápidamente se llevará a cabo la creación espiritual.

No te preocupes ni te turbes si tu deseo no aparece cumplido inmediatamente en el mundo temporal y tangible; aún la creación espiritual toma tiempo; tus pensamientos e imágenes de lo que quieres llega a la materia inteligente y esta tiene obedecerá para realizar o formarse de acuerdo con tu deseo.

Una vez que la creación espiritual de tu deseo está creada, la parte más fácil del proceso sigue: la creación temporal o mortal.

Tus pensamientos de forma o imagen son el poder que imprimen en la materia inteligente la forma de tus deseos.

Para llevar a cabo la creación espiritual, los pensamientos de fe actúan como un principio de poder para mandar y ordenar a los elementos para que adquieran la forma de tu deseo.

Una vez que tu deseo de *las formas de riqueza* que quieres es firme, constante y claro en tu mente; es importante que comiences a actuar y trabajar en consonancia con ello. Este es el tiempo para realizar las acciones que sean congruentes con tus deseos. Es en este momento que se une la fe como principio de poder y la fe como principio de acción.

La fe como principio de poder se ejerce mediante el proceso por medio del cual tú *piensas e imaginas las formas de riqueza que deseas.*

La fe como principio de acción se ejerce cuando *empiezas y continúas realizando las acciones u obras* para lograr tu deseo. Fe como principio de poder y fe como principio de acción tienen que ir de la mano para llevar a cabo ambas creaciones, tanto la espiritual como la material.

La razón por la que mucha gente no logra que sus deseos se materialicen en forma concreta es porque no ejercitan la función de la fe como principio de poder o la función de la fe como principio de acción.

Algunos no logran materializar sus deseos de riqueza porque no ejecutan las acciones que deben realizar; son soñadores pero no realizadores; hablan pero no actúan, piensan un poco pero no hacen.

La mayoría de las personas fallan en materializar sus deseos porque no controlan los procesos mentales que dominan su mente; pensamientos derrotistas los conducen a la inacción o no ejecución de obras y dejan de pensar respecto a lo que quieren y comienzan a pensar en lo que no quieren que suceda.

Al practicar concientemente el proceso de crear

mediante el poder de la fe, te darás cuenta que cuanto más trabajes *pensando*, tanto más ideas te vendrán para llevar a cabo por medio de la *acción*.

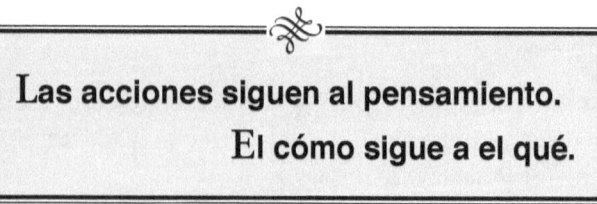

Las acciones siguen al pensamiento.

El cómo sigue a el qué.

Empieza la creación de riqueza ocupándote de lo *que* quieres mediante el pensamiento de forma e imágenes sobre lo que desees; entonces las ideas vendrán sobre *cómo* lograr materialmente lo que quieres.

Si concentras tus pensamientos en lo *que* quieres; el *cómo* te vendrá naturalmente como el día sigue a la noche.

Por concentrar los pensamientos de tu mente en lo que quieres llevas a cabo la creación espiritual de tu deseo; y en el curso de este proceso mental de creación te vendrán ideas claras y precisas para materializar tu deseo en el mundo de lo tangible y temporal.

En los capítulos cuatro, cinco y seis te explicaré varias herramientas que puedes utilizar, para poner tu mente en un estado o condición tal, que produzca la fe o poder para comunicar a la inteligencia de la materia espiritual, lo que deseas.

En el capítulo siete nos ocuparemos del *cómo*, es decir de las otras etapas del proceso de producción de dinero y riqueza ilimitada. En el capítulo ocho, el último, te introduces al enriquecimiento espiritual para que no solamente seas rico materialmente sino también espiritualmente.

Al concluir la lectura y comprensión de los principios y prácticas contenidas en este libro, tú tendrás todas las herramientas para empezar a producir dinero y riqueza ilimitada. Te aconsejo que guardes este libro muy cerca de ti, que lo lleves contigo y que lo examines continuamente para fortalecer tu fe y determinación de llegar a ser rico.

Imagínate que tu quieres hacer la figura de un elefante con concreto hidráulico; primero tienes que fabricar el molde; luego hacer una mezcla de los siguientes materiales: arena, grava, cemento y agua; después viertes la mezcla dentro del molde; cuando la mezcla seca, puedes retirar el molde y verás como la mezcla adoptó la forma, imagen o semejanza del molde de elefante que usaste.

Con tus pensamientos de forma e imagen de lo que deseas, creas el molde o creación espiritual de lo que quieres; luego realizas las acciones y obras para materializar o concretar tu deseo conforme al molde espiritual.

No puedes usar el molde de un perro y esperar la figura de un elefante. De la misma manera, no puedes pensar o imaginar lo que *no quieres* que suceda y esperar como resultado *lo que si quieres*

Siembra en tu mente
pensamientos de lo que si quieres,
y cosecharás lo que si quieres.

Siembra en tu mente
pensamientos de lo que no quieres
y cosecharás lo que no quieres.

Es lo mismo si lo analizamos desde el punto de vista de la ley de la cosecha, lo que siembres eso cosecharás. No puedes sembrar una semilla de rábano y cosechar de ella una sandía. Del mismo modo, no puedes pensar en lo que *no quieres* y obtener *lo* que *si quieres*.

Capitulo 4

HERRAMIENTAS PARA PRODUCIR PODER CREADOR DE RIQUEZA

Hemos establecido el cimiento con varios principios y verdades cuya comprensión facilitará nuestro propósito de llegar a ser ricos:

-En la Tierra y el Universo hay una fuente inagotable de Riqueza abundante para todos.

-Materia Inteligente llena el universo en espera del Poder Creador que la organice.

-Todos nosotros como Seres racionales e inteligentes poseemos el Poder Creador que gobierna, controla y domina todos los elementos materiales que llenan el Universo Organizado.

-El poder para crear la riqueza se ejerce mediante la fe o pensamiento de lo que si queremos.

-La materia inteligente se moldea para adoptar la forma, imagen y semejanza de nuestros pensamientos dominantes.

-Mediante la fe como principio de poder llevamos a cabo la creación espiritual de nuestros deseos y usando la fe como principio de acción realizamos la creación material.

Ahora, con esas verdades en tu mente estás listo para conocer las herramientas que te permitirán instrumentalizar o materializar el ejercicio de la fe para producir Poder Creador.

Hay varias herramientas a tu disposición, no tienes que usarlas todas al mismo tiempo; ni siquiera tienes que sentirte obligado a usarlas todas; tu irás descubriendo con cual de ellas te sientes más cómodo. Todas estas herramientas tienen el propósito de producir poder interior; es decir, poner tu mente en un estado y condición de fe en el que la VERDAD -riqueza, salud, amor- sea el pensamiento dominante en tu mente.

Piensa en tu mente como si fuese un escenario en el que alguien está siempre actuando; tú quieres que esos actores sean pensamientos e imágenes de salud, riqueza y amor. Si no trabajas concientemente para hacer que estos actores ocupen siempre el escenario de tu mente; veras que de repente, casi inadvertidamente, la pobreza, la enfermedad y el odio se habrán apoderado del escenario. Cuando estos actores falsos se apoderan del escenario de tu mente, son ellos los que darán forma a tu realidad; una realidad que no te traerá gozo sino miseria y dolor.

Las herramientas que te presentaré son instrumentos para poner tu mente en un estado de fe para producir poder creador de riqueza. Yo he probado personalmente cada una de estas herramientas y se por mi mismo que funcionan. Conozco otras personas que han utilizado alguna de estas herramientas y han logrado lo que querían. Funcionan para mí, funcionan para otros y funcionarán para ti.

Este mismo libro que ahora tienes en tus manos ha pasado por todo el proceso de creación espiritual y material del que hemos hablado.

Yo había visto el libro ya terminado en mi mente; lo había visto en miles de librerías; lo miré en millones de manos; vi como influía positivamente en la vida de muchos; lo vi en manos de personas que se volvieron ricas en abundancia.

Todo esto lo miré cuando aún no había comenzado su creación temporal. Empezó en mi mente, cada vez cobraba más fuerza en mis pensamientos; no tenía claro todo el contenido en mi mente ni la secuencia de los capítulos; es más, ni siquiera sabía cuales serían todos sus capítulos; pero una cosa yo si había visto y tenía bien claro: El libro se publicaría y haría el bien a millones de personas. Sentía gozo y entusiasmo cuando lo pensaba; empecé a escribirlo sin tener claro lo que seguiría después del primer capitulo; pero comencé y cuando el tiempo llegaba, el nuevo capitulo y su contenido aparecía en mi mente con perfecta claridad. Sostuve en mi mente con *firmeza* la *imagen y forma final* de lo que *si quería* sin preocuparme del *cómo*, éste ultimo llego casi de manera milagrosa antes de dormirme o al despertarme. En varias ocasiones recibí destellos de conocimiento *nuevo* comunicado seguramente de otras fuentes superiores a mi conciente.

Visualización

La manera en que he aplicado esta técnica es la siguiente: construyo una imagen o serie de imágenes de lo que deseo o quiero.

El poder de la visualización radica en que la mente responde mejor a imágenes mentales; la imagen mental formada llega a ser como un plano o diseño para el subconsciente, el cual usará todo su conocimiento y poder para llevar a cabo el plan representado por la imagen.

El poder de la imagen mental se incrementa cuando asociamos la imagen mental con una emoción o sentimiento. Por eso es de vital importancia que a la vez que sostenemos la imagen mental de lo que queremos la asociemos a la emoción y sentimiento que experimentaríamos al lograr lo deseado.

Si lo que quieres es ser poseedor de mucha riqueza, imagínate en posesión de ella, con sus símbolos en tu mente: una casa amplia y cómoda, con amplios jardines, rodeada por un bosque de árboles, con un sendero en el interior de las áreas verdes en donde trotas y caminas por las mañanas. Una cuenta en el banco con una suma realmente grande de dinero; miras el dinero que viene a ti de diversas maneras etc.

No seas tacaño al usar tu imaginación para visualizar lo que quieres, no tienes que pagar por ello, es un don gratuito. Deja tu imaginación volar, deja que las imágenes vengan con toda creatividad, color y tamaño.

Visualízalo con el ojo de la fe, que es el ojo de tu

mente; visualízalo sabiendo que ese pensamiento lleno de imágenes le comunicará a la materia inteligente tu deseo, y que la materia inteligente responderá adquiriendo la forma, creándola espiritualmente para después aparecer ante tus ojos mortales como una realidad tangible. Yo he hecho esto muchas veces y no dudo de los resultados positivos; he recibido los beneficios.

Esta semana estoy abriendo un nuevo negocio; ya tenemos rentado el edificio y listo para el primer día; el edificio luce exactamente como me lo visualice hace unas semanas. Ya he visto el primer día de operación; veo muchos dueños de negocios entrar y hacernos compras significativas de productos para vender en sus negocios.

Por ahora, en la realidad tangible, solo tenemos un establecimiento abierto; pero, en unos pocos años veo varios establecimientos abiertos en los diferentes países de Centro América y Sur América. Visualizo con frecuencia esto; no lo hago en un tiempo especial, sueño despierto, las imágenes vienen a mi mente en varias ocasiones durante el día; cada vez que lo pienso y lo veo con el ojo de la fe me llena de entusiasmo y emoción.

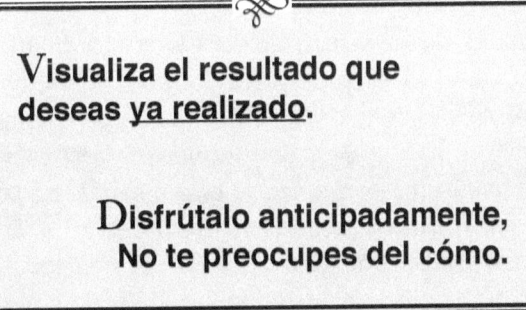

Visualiza el resultado que deseas ya realizado.

Disfrútalo anticipadamente, No te preocupes del cómo.

Visualizar no es nada complicado, cierra tus ojos y mira lo que quieres, imagínatelo con todos los detalles que quieras; disfrútalo viéndolo, siéntete en posesión de ello; mírate realizando las cosas que harás con la riqueza que tendrás; míralo y disfrútalo.

Tus *pensamientos de imagen, forma y semejanza* de lo que *si quieres* ejercen poder de organización sobre la materia espiritual para llevar a cabo la creación espiritual de tu deseo; luego invadirán tu mente una corriente de ideas de *cómo puedes* materializarlo en el mundo temporal; recibirás ideas nuevas comunicadas de fuentes superiores a tu mente conciente; a medida que ejecutes las acciones verás la riqueza venir hacia ti de manera ilimitada.

La sustancia o materia espiritual y la materia temporal obedecen al poder de tu mente creadora. Es de esta manera que Dios y los seres humanos llenan la tierra y el espacio con sus creaciones.

El poder de la visualización es extraordinario; el 25 de mayo de 1961 el presidente John F. Kennedy desafío al congreso, a la NASA y a la nación de esta manera: *"Yo creo que esta nación debe comprometerse a si misma para lograr la meta, antes del fin de esta década, de poner un hombre en la luna y hacerlo regresar seguro a la tierra."* Algunos pensaron que dicho sueño era una locura, otros lo vieron sólo como una estrategia política de la guerra fría entre Estados Unidos y la otrora Unión Soviética. A pesar de todos los escépticos, la visión de Jonh F. Kennedy fue cumplida el 20 de julio de 1969 cuando Neil Armstrong puso sus pies en la superficie de la luna.

Es impresionante como la visión de Kennedy se había realizado precisamente al fin de la década. Su desafío puso en la mente de muchos americanos la misma visión; se volvió una visión colectiva; el pensamiento de todos los que creyeron movió todos los elementos para que la visión se realizara. Tal es el poder de una visión.

Países enteros viven en hoy día sumidos en la pobreza, no por la escasez de valiosos recursos naturales, sino por los pensamientos dominantes que han estado en la mente colectiva de la gran mayoría de sus líderes políticos y sus habitantes.

El mundo necesita más hombres y mujeres que pueden ver mucho más allá de las obvias limitaciones; que visualizan el futuro para identificar logros que no han sido alcanzados y que se preguntan "¿Por qué no?, ¿Si no es ahora cuando?, y ¿Si no soy yo, quién?"

Visualiza las *formas de riqueza* que *si* quieres lograr; míralas y disfrútalas como si ya lo hubieses logrado; una inagotable fuente de riqueza espera por ti. Algunas formas de riqueza son: casa, carro, negocios, cuentas de banco, vacaciones, viajes, propiedades, haciendas, etc.

Diálogo interior

No es posible tener nuestra mente "en blanco", sin ningún pensamiento un momento siquiera; aún en esos momentos de ociosidad, en los que estamos callados, un pensamiento tras otro invade nuestra mente. Cuando estamos enfrentando o enfrentaremos alguna situación de importancia; ideas, pensamientos, imágenes y sentimientos invaden nuestra mente.

La parte inteligente -la mente- que hay en nosotros nunca descansa; trabaja las veinticuatro horas del día. Estos pensamientos y sentimientos ejercen un Poder Creador sobre la materia inteligente que está en espera de comunicación para moldearse conforme al mandato del agente emisor del Poder Creador.

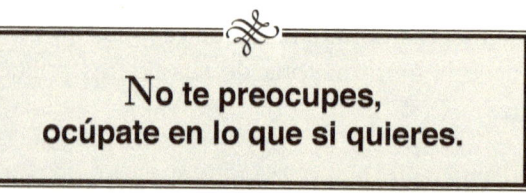

**No te preocupes,
ocúpate en lo que si quieres.**

Uno de los errores más comunes que la gente comete es que empieza a *preocuparse* por los resultados; empieza a imaginarse lo peor que puede suceder y que no desea que suceda; muchos llegan a ser expertos en considerar, pensar e imaginar todas las posibilidades de lo que **_NO_** quieren que suceda y comienzan un dialogo interior negativo -de duda- en su propia mente respecto a los resultados; empieza a hablar consigo mismo, exponiendo en su mente todas las posibilidades que no quiere que sucedan.

La pregunta es, ¿Por qué piensa la gente en *lo que no quiere* en lugar de pensar en *lo que sí quiere?*, porque su comportamiento mental ha caído atrapado en un hábito de pensamiento derrotista.

Preocuparse es un hábito de pensamiento derrotista, de fracaso. *Preocuparse* es imaginar consecuencias negativas respecto a los resultados; es un sentimiento de inseguridad y no de certeza respecto a lo que se espera; es una idea de duda y no de convicción. Un esfuerzo consciente de imaginación debe ser hecho para eliminar este hábito negativo.

> **La preocupación es una duda que viene de no entender que en el mundo hay abundancia; que el Universo desea lo mejor para nosotros; que la materia obedece a nuestra voluntad creadora; y que existimos para tener gozo: salud, riqueza y amor.**

Analiza el siguiente ejemplo: un amigo tiene una cita con el gerente de recursos humanos de una empresa en donde él desea trabajar. Cuanto más se acerca el día y la hora de la cita más nervioso se pone, está ansioso, empieza a preocuparse y comienza este dialogo interior consigo mismo: "a ver como me va.", "ojalá que no me haga preguntas difíciles", "que tal si llego y no está, ó está muy ocupado para atenderme", "a saber cuanta gente más está aplicando para el trabajo", "ojalá que me den el trabajo; si no me lo dan no se que voy a hacer", "aunque no me paguen lo que necesito, es mejor algo que nada", "tranquilízate, él se va a dar cuenta que estas nervioso"; ¿Le parece familiar este tipo de diálogo interior?. Este no es un patrón de pensamiento correcto.

Todas esas ideas son comunicadas a la inteligencia de la persona que lo entrevistará. La comunicación de inteligencia o mente a la inteligencia o mente -por medio de ideas y pensamiento- es más poderosa que el diálogo verbal o corporal. El pensamiento es materia -energía-; siempre estamos comunicando un mensaje, sea que hablemos o no; el hombre es un centro emisor de pensamiento -energía- que es recibida por un receptor -otra mente-.

Cuando me preparo para tener un encuentro importante con alguna persona que no conozco y que necesito me haga un favor; antes de entrar a verla comienzo un dialogo interior cargado de energía positiva: "gracias por recibirme amablemente", "aprecio mucho que me atiendes", "es bueno que estás en la posición correcta para ayudarme", "me caes bien, eres una persona agradable", "en el futuro, si necesitas algo, estoy para servirte". Es asombroso lo que este dialogo interior cargado de energía positiva provoca en la gente. Este proceso tan simple me ha ahorrado mucho tiempo y facilitado la vida.

Cuando tengas momentos de ocio o espera, ocúpate en entrenar tu mente para tener diálogos interiores cargados de energía positiva. Habla mentalmente contigo mismo, puedes hacerlo también cuando estás en tu cama alistándote para dormir. Sostén un diálogo interior en relación a tu deseo y por qué tú crees que tu deseo de riqueza se cumplirá.

A continuación un ejemplo de cómo puede ser su diálogo: "que bueno -tu nombre- que ahora entiendes como crear riqueza", "ahora si ya tengo las herramientas que necesito para hacerme rico", "no importa mi situación actual, la materia inteligente me obedecerá y la riqueza vendrá a mi", "estoy seguro que cosas sucederán para que todo salga de acuerdo con mi deseo", "que bien se siente saber que pronto tendré toda la riqueza que deseo", "estoy tranquilo porque yo se que todo se va a sincronizar para que yo me relacione con las personas correctas, en las oportunidades correctas, en el momento correcto para crear la riqueza que deseo", "que bien me siento sabiendo que tengo el poder para crear riqueza", "estoy feliz, la vida ha sido muy buena conmigo; me da salud, riqueza y amor."

> **La naturaleza exterior que te rodea es un reflejo de tu naturaleza interior.**

Háblate abundantemente, conversa contigo mismo; conversa en tu interior todo lo que sí quieres; pon en tu mente las imágenes y formas de lo que si deseas; disfrútalas y agradécelas anticipadamente como si ya las tuvieras y verás esos deseos manifestarse en tu exterior.

Albun del deseo

Conozco personas que han utilizado esta herramienta con excelentes resultados. Consigue una libreta o unas cuantas páginas de papel blanco sin rayas para formar un álbum. Recorta imágenes de revistas, o imprímelas de algún sitio de Internet; imágenes que se relacionan con tu deseo. Pega esas imágenes en tu álbum, escribe lo que sientes y quieres al pie de las imágenes.

Dedica momentos del día, puede ser antes de acostarte o al levantarte, para mirar las páginas de tu álbum de deseos de riqueza; cualquier momento es bueno para hojearlo, imagínate en posesión de ellas, piensa que así se verán cuando las tengas; si sientes una impresión, escribe lo que sientes en los márgenes alrededor de la imagen.

Pega todas las imágenes que tienen relación con tu deseo; imágenes del negocio o edificio que quieres; imágenes de la casa que quieres; del carro que deseas; de la cuenta de cheques que quieres y la cantidad que hay en ella.

Cada vez que estés viendo una revista y encuentres una imagen que se relaciona fuertemente con tu deseo, recórtala y pégala en tu álbum de deseos de riqueza. Cada vez que abres el álbum y contemplas las imágenes estás "trabajando" sobre la materia espiritual, modelando la creación espiritual que servirá de base para la realización tangible.

Recuerda que antes de poseer tangiblemente lo que quieres, debes crearlo espiritualmente con el poder de tus pensamientos dominantes. La creación material avanza proporcionalmente al progreso de tu creación espiritual. No puedes crear en el mundo objetivo y temporal lo que nos has organizado primero con el poder de tus pensamientos de forma e imagen.

> **Las imágenes y pensamientos dominantes de tu mente modelan, organizan y forman la creación espiritual de tus deseos.**

Enunciado escrito

Esta técnica consiste en escribir la visión que tú tienes de las condiciones que tendrás al cumplirse tu deseo.

Hace unos días abrimos un nuevo negocio, empezamos con un establecimiento en una ciudad de Honduras, en Centro América, en donde ya llevamos cinco años operando una fábrica dedicada a la fabricación de muebles de caoba para exportación. El nuevo negocio que estamos iniciando se llama *Big Value*, la idea del negocio consiste en comprar mercadería en liquidación en Estados Unidos y en China; importarla y distribuirla al por mayor. Nuestros clientes son los dueños de negocios pequeños y medianos dedicados a vender diferente tipo de mercadería. Este es el enunciado escrito de *Big Value:*

"En marzo del 2007 abrimos nuestro primer establecimiento de *Big Value* en la Ciudad de Choluteca, Honduras. En un año nos convertimos en el distribuidor mayorista número uno de mercadería en la zona sur del país. En tres años hemos establecido el negocio en 4 ciudades más del país -Tegucigalpa, San Pedro Sula, La Entrada y La Ceiba- para tener cubiertas todas las regiones; de esta manera somos el distribuidor mayorista número uno en el país. En Cinco años tenemos presencia con nuestros propios establecimientos en tres países más: El Salvador, Nicaragua y Guatemala. En siete años agregamos los países de Belice y Costa Rica. Para este tiempo ya somos el proveedor mayorista número uno de mercadería en general para Centro América. En diez años hemos expandido nuestro negocio a países de Sur América: Perú., Ecuador, Argentina, Chile y Venezuela. En diez años *Big Value* llegó a ser una compañía multimillonaria y un concepto de negocios fácil de replicar en otras áreas del mundo con mucho éxito. La Compañía ha generado cientos de empleos, desarrollado una cultura de bienestar para los empleados y los clientes; hemos recibido varias ofertas atractivas de compradores potenciales."

Muchas veces la mejor manera de concentrar nuestra energía positiva; de enfocar nuestra mente en lo que queremos; de comunicar nuestro mensaje a la Inteligencia Universal es escribir nuestro deseo.

Elaborar un Enunciado escrito de lo que quieres es como diseñar los planos para, posteriormente, llevar a cabo la construcción de un edificio.

Busca un lugar tranquilo, piensa en lo que quieres y comienza a escribirlo. No seas tímido para escribir lo que quieres. El gran problema de la vida no es que queremos mucho, sino que esperamos muy poco; ¿Por qué?; porque se nos condicionó a creer que en el mundo hay escasez.

Nunca olvides esta verdad absoluta: en el mundo hay abundancia ilimitada para todos. Tan frecuentemente como te sea posible lee el enunciado que escribiste; cada vez que lo lees estás ejercitando fe y generando Poder Creador;

cada vez que lo lees y lo piensas estas comunicando a todas las formas inteligentes de materia cual es tu deseo; esas inteligencias te escucharán y contribuirán generosamente para realizarlo.

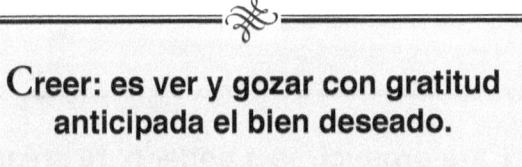

Creer: es ver y gozar con gratitud anticipada el bien deseado.

Historias exitosas

Desde la infancia somos condicionados a creer más en nuestras limitaciones que en nuestra capacidad. Todavía recuerdo las advertencias que recibí incontable veces de mi madre: "cuidado con el vaso, agárralo bien, lo vas a quebrar", "cómete toda la comida, no somos ricos para botarla", "no te subas a ese árbol que te vas a caer", "no me pidas más, ¿Qué piensas, qué el dinero crece en las ramas de los árboles".

No me quejo de mi madre, ella siempre ha sido una gran mujer, dispuesta a dar todo por el bienestar de sus hijos; ella sólo reproducía el mismo modelo que heredó de sus padres. También recuerdo las muchas veces que experimenté sentimientos de incapacidad cuando estaba en la escuela.

Una de las maneras más eficaz de hacerlo es leyendo historias reales de personas que ya han logrado el éxito que nosotros buscamos. Leer esas historias de éxito nos inunda con un sentimiento de seguridad y pone nuestra mente en un estado de fe en nuestro potencial ilimitado para lograr lo que deseamos. Te aconsejo que compres libros de superación personal; que cuando encuentres una historia verdadera que te llena de fe y deseos de logro le saques una fotocopia y que vayas organizando tu propio compendio de historias de éxito.

Para producir fe o poder para crear riqueza tenemos que cambiar nuestro patrón de creencias; poner en nuestra mente nuevos pensamientos e imágenes de capacidad y éxito.

Lee la siguiente historia y cuando la termines de leer reflexiona sobre los sentimientos que te deja y el estado mental que logras.

La Granja Jones

En el año 1830 la familia Jones había comprado una pequeña granja en Wisconsin. La vida no era nada fácil para ellos, apenas hacían lo necesario para subsistir. Como si esto no fuera suficiente, el padre de la familia, Milo C. Jones fue atacado con artritis reumatoide, enfermedad que lo postró en cama y lo incapacitó físicamente para continuar trabajando la granja.

El tiempo que Milo C. Jones pasó postrado en cama no fue en vano; ahora que ya no podía trabajar en la granja, tenía todo el tiempo que quisiera para pensar; y eso fue precisamente lo que sucedió.

Un día, Milo reunió a su familia y les pidió que plantaran toda la tierra de la granja con maíz; que usaran ese maíz para alimentar los cerdos; que matarían los cerdos y los convertirían en salchichas. El tiempo que Milo pasaba en cama no pasó en vano; se dedicó a pensar en lo que podía hacer y lo que deseaba lograr, desarrolló un plan, reunió a su familia y comenzaron.

Mientras aún estaba postrado, Milo encontró la manera de fabricar salchichas; hizo suficientes para regalar a sus vecinos. En poco tiempo sus vecinos comenzaron a comprarle las salchichas. Pronto él agregó jamón y tocino a su línea de productos; las órdenes de compra empezaron a llegar de todo el país. Milo C. Jones creo una fortuna inmensa para el, su familia y para sus generaciones futuras.

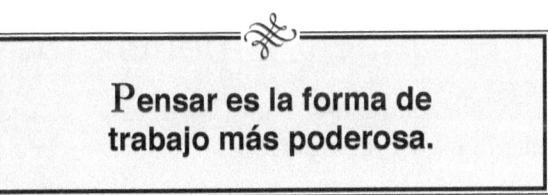

Pensar es la forma de trabajo más poderosa.

Han pasado seis generaciones y la familia Jones todavía opera la granja original en Wisconsin. Ahora es una compañía multimillonaria que vende sus productos en todo Estados Unidos y a varios países en el extranjero.

Lo que parecía ser una desgracia, la inteligencia de Milo C. Jones la convirtió en una gran oportunidad. Esto fue posible porque, después de sobrevenirle esa enfermedad que lo incapacitó físicamente, tuvo tiempo suficiente para dedicarse a pensar en lo que quería lograr.

Esta historia nos enseña que trabajar duro no es el camino hacia la riqueza material; que el camino hacia la riqueza comienza primero cuando la creamos espiritualmente por medio del acto de pensar; de poner las ideas, pensamientos e imágenes correctas en nuestra mente; y que esta idea o pensamiento es comunicado a la materia inteligente que obedece, para manifestar en el mundo tangible lo que pensamos.

"Lo que la mente puede concebir y creer,
la mente puede realizar."
Napoleón Hill

Pensamientos poderosos

Esta es una herramienta muy poderosa para producir fe en nuestra mente. La creación de riqueza sucede cuando nuestra mente sostiene con firmeza un pensamiento, ideas o imágenes de lo que deseamos; nuestra mente se llena de fe y comunica este deseo a la Inteligencia Universal y a las inteligencias de todas las creaciones que tienen que colaborar para que nuestro deseo se haga realidad en el mundo tangible.

No desaproveches cada oportunidad que tengas para formar tu colección de Pensamientos Poderosos; puedes hacerlo escribiéndolos en una pequeña tarjeta. Dedica unos minutos al día a leer algunos de esos pensamientos; esta práctica sencilla te reportará grandes beneficios; llenarás tu mente de certeza y convicción sobre la realización de tus sueños de riqueza. Te darás cuenta que a medida que lees los pensamiento, tu mente se llena de un sentimiento de seguridad, y que las ideas y planes comienzan a inundar tu mente procedentes de fuentes superiores a tu mente conciente.

La sabiduría de nuestro Subconsciente, de la Inteligencia Universal y de la Inteligencia Infinita llega a nuestro conciente como una corriente de ideas poderosas y renovadoras sobre lo que debemos hacer.

En ocasiones sentirás que una corriente de ideas sobre lo que quieres y sobre cómo hacerlo vendrá a tu mente; este flujo de ideas es comunicación directa, del conocimiento que tu *inteligencia o mente* ha acumulado a lo largo de millones de años, así como conocimiento que viene de la mente Universal y de la Inteligencia Infinita de Dios.

Lee los siguientes Pensamientos y reflexiona sobre lo que sientes, sobre el efecto que ellos producen en tu mente:

"Lo que la mente puede concebir y creer, la mente puede realizar"
Napoleón Hill

"No hay situaciones sin esperanza; solo hay personas que piensan sin esperanza."
Winifred Newman

"El descubrimiento más importante de mi generación es que las personas pueden alterar su vida si cambian la actitud de su mente"
William James

"Los sueños que se han hecho realidad son el resultado de personas que se aferraron a sus ambiciones. Se negaron a desanimarse. No permitieron que el desaliento les pusiera la mano encima. Los desafíos solo los estimularon a un mayor esfuerzo."
Don B. Owens

"Nada puede detener que un hombre con una actitud mental correcta alcance sus metas; y nada en el mundo puede ayudar al hombre con una actitud mental incorrecta"
W.W. Ziege

"Sea que pienses que puedes o que no puedes, tienes razón." Henry Ford

"Nunca es demasiado tarde para que seas lo que podrías haber sido."
George Elliot
"No hay esperanza para una idea que al principio no parezca demente."
Albert Einstein

"Usted está hoy en día donde sus pensamientos lo han traído; mañana estará donde ellos lo lleven."
James Allen

"Todo avance y progreso se da a través de ideas, no de fuerza física ni fuerza mecánica."
Ralph Waldo Emerson

Afirmaciones

Las afirmaciones son enunciados positivos de poder que usamos voluntariamente para sacudir nuestra mente cuando es invadida de ideas de temor, duda y fracaso. Estas afirmaciones **las repetimos** a nosotros mismos, en silencio o en voz alta, **una y otra vez** hasta que la idea negativa sale de nuestra mente.

Algunos ejemplos de afirmaciones:

"Yo puedo, yo puedo, yo puedo."

"Hay abundancia en el mundo, ¡recíbela!"

"Piensa lo que quieres; comunica tu deseo."

"Veo la riqueza venir a mi abundantemente."

"Me convierto en un a persona muy adinerada."

"El Universo me premia con riqueza ilimitada."

"¡Gracias por darme riqueza!"

"La oportunidad se manifiesta y la reconozco."

"Tengo salud, riqueza y amor; ¡gracias!"

"Veo la riqueza creándose para mi."

Poster del deseo

Esta es una herramienta sencilla pero con mucho poder; consigue una pieza de cartoncillo del tamaño de 3 hojas de papel tamaño carta. Pega sobre él imágenes de las cosas materiales o riqueza que deseas tener. Puedes preparar varios pósteres de estos. Pégalos en la pared de tu cuarto, en el baño y en cualquier otro lugar en donde puedas verlos.

Yo he aplicado esta técnica con excelentes resultados; en una ocasión hasta pegue uno de estos póster en el cielo falso de mi cuarto; de tal manera que cuando me acostaba en la cama antes de ir a dormir o al despertar por la mañana siempre lo miraba y ponía en mi mente lo que yo quería para mi vida.

Simbolos de tu deseo

Los símbolos son la forma de comunicación más poderosa. Es la forma en que normalmente se comunica nuestra mente. Cuando mencionamos una palabra, nuestra mente inmediatamente busca un símbolo para asociarla. Por esto es que el pensamiento de forma (símbolo, imagen) imprime en la materia inteligente la forma pensada.

Solo lo que podemos ver con el ojo de la fe veremos convertido en realidad. No hay logro alguno sin primero verlo con tu mente.

Selecciona algunos símbolos de la riqueza que deseas; mucho mejor si esos símbolos son pequeños objetos tridimensionales. Objetos miniatura que son representaciones de cosas reales como carro, casa, cheque, negocio, etc.; puedes colocar estos pequeños objetos sobre tu escritorio de trabajo o sobre la mesita de noche. Cuando los veas, traerán a tu mente la idea o forma de lo que quieres imprimir en la materia.

Capítulo 5

EL SUBCONSCIENTE Y LA RIQUEZA: ACLARANDO EL MISTERIO

"Tengo más problemas con D.L. Moody
que cualquier otra persona que conozco."
D.L. Moody

Si hay un tema con muchas ideas controvertidas, ese es el tema del subconsciente. He leído docenas de libros que tratan de explicar la identidad del subconsciente, su poder y su papel en el proceso de ayudarnos a realizar nuestros sueños. No enseñan con claridad quién es, como lo obtuvimos, de donde emana su poder y que papel desempeña en nosotros. Nos dejan con serias dudas, un entendimiento confuso y una idea misteriosa sobre quién es y cómo funciona.

Me propongo en este capítulo aclarar ese misterio y dar una explicación clara, exacta y verdadera de la mente conciente y la mente subconsciente. Entender cómo es su funcionamiento, y la relación que hay entre ellas, es de imprescindible valor para generar riqueza ilimitada.

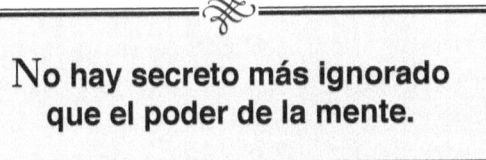

No hay secreto más ignorado que el poder de la mente.

La Mente, ¿Qué o Quién es?

Como explicamos en al capítulo 2 sobre la materia, la *mente o inteligencia* es una forma de materia; de hecho la forma mas pura y elevada de existencia de la materia.

En lo que concierne al Ser humano, su mente o inteligencia es el Ser eterno que tiene vida en si mismo; es la parte divina que hay en nosotros.

Todo lo que tiene existencia en el Universo Organizado es una expresión de haber asociado *mente o inteligencia* con *elemento*. Estos dos –*mente o inteligencia y elemento eterno-* son los bloques primarios que fueron organizados o asociados para dar lugar a las creaciones de todas las cosas que llenan el Espacio o Universo Organizado.

Aprendimos que el universo No Organizado es un recurso inagotable de estos dos componentes primarios: *mente o inteligencia y elemento eterno.*

Tanto la *inteligencia o mente* como el *elemento eterno* han existido por si mismos sin necesidad de intervención del poder creador.

La *inteligencia o mente*, aún en su estado puro y aislado, tiene capacidad de pensar y comunicarse con otras *inteligencias.*

La *inteligencia o mente* es asociada a *elemento eterno* - por el poder creador de Dios- y *asignada* a formar una creación o reino de algún nivel: partícula subatómica, átomo, célula, planta, animal, planeta.

La *inteligencia o mente* es asignada a esa creación por un *periodo de prueba*; le es señalada las leyes que la gobiernan, se le establecen límites, y se le permite obrar libre e independientemente dentro de esa esfera de asignación.

Si la inteligencia o mente *se sujeta a la ley y obedece* al creador que la organizó es asignada permanentemente a esa creación para su crecimiento y manifestación en el Universo organizado.

La asociación *de inteligencia o mente* con *elemento eterno* da origen a una forma de materia que se *llama materia espiritual o espíritu.*

Todas las formas o creaciones existen primero como *espíritus* y este llega a ser conocido como su *primer estado de existencia;* ya que es hasta este momento cuando una inteligencia o mente adquiere *identidad específica y definida* pues es asignada a una forma, imagen o semejanza específica de creación.

A una inteligencia o mente le es permitido participar en el Universo Organizado cuando es asociada a elemento mediante el poder creador de Dios.

Solo las *inteligencias o mentes más desarrolladas* son asociadas con *elemento* eterno para formar los seres humanos o *hijos espirituales de Dios*.

Después de pasar un período extenso de aprendizaje y prueba solo a los hijos *espirituales* de Dios que experimentan el mayor crecimiento y progreso mediante la obediencia a las leyes eternas se les añade el *segundo estado de la vida mortal* y reciben un cuerpo tangible de *elementos químicos*, mediante el nacimiento mortal: En este momento llegamos a ser *almas mortales vivientes*.

Las *almas mortales vivientes* –seres humanos- somos por lo tanto el producto de tres componentes: *inteligencia o mente, elemento eterno* y *elemento químico*.

¿Qué o quién es, entonces, la *mente o inteligencia en el hombre?*

> **La Mente es ese componente de nuestra alma que tiene existencia en si mismo, que nunca ha sido creado, que es capaz de aprender, comunicarse, obedecer y desarrollarse.**

Es nuestro *verdadero Yo*, nuestro *verdadero Ser*; que tiene vida independiente del cuerpo mortal; que junto al *elemento eterno* forman nuestro *espíritu*; que por lo tanto *reside en el espíritu;* que posee el conocimiento acumulado durante los millones de años que ha existido; que tiene acceso al Conocimiento Universal y a comunicarse con la Inteligencia Infinita.

> **El conocimiento, experiencia y sabiduría que la mente o inteligencia posee es incalculable; todo ello producto del aprendizaje, crecimiento, progreso y desarrollo de sus millones de años de existencia.**

Es precisamente de sus millones de años de existencia de dónde se deriva el poder extraordinario que tiene *la mente* para realizar cualquier cosa que nosotros creamos que podemos realizar.

Nosotros; es decir, nuestra mente o inteligencia tiene

un conocimiento y sabiduría gigantezco para proveernos todas las ideas y planes que necesitamos para crear riqueza ilimitada y para resolver cualquier otro desafío de la vida

La *mente,* actúa bajo el principio universal de la fe como fuente de poder. De tal manera que si nosotros creemos con certeza y convicción que podemos realizar algo, entonces podemos; pero si por el contrario creemos que no podemos, igual tenemos razón, no podemos.

Mente y cerebro: ¿es lo mismo?

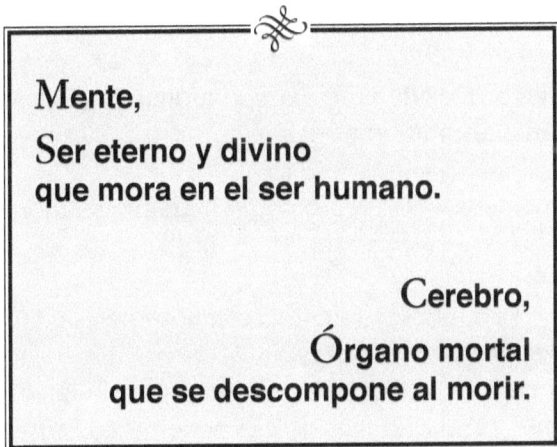

Mente,
Ser eterno y divino
que mora en el ser humano.

Cerebro,
Órgano mortal
que se descompone al morir.

El *cerebro es un órgano mortal* que al padecer nosotros la muerte se descompone. No tiene existencia por si mismo.

La *mente o inteligencia es un ente eterno* que tiene existencia en si mismo independientemente de nuestro cuerpo mortal.

El cerebro fue creado cuando se creo nuestro cuerpo mortal de elementos químicos.

La mente o inteligencia nunca ha sido creada; existe por si misma

El cerebro registra lo que aprendemos en esta vida mortal, ya sea *verdadero o falso*.

La *mente o inteligencia* es el sujeto o ente que tiene el poder de *discernir lo verdadero de lo falso* y retiene solo aquellas enseñanzas que son *verdaderas*. Por ello es que la *inteligencia* o *mente* también es conocida como la *luz de verdad;* porque tiene la capacidad para discernir la verdad del error.

El cerebro es al cuerpo; lo que la mente o inteligencia es al espíritu.

El cerebro reside en el cuerpo mortal; la inteligencia o mente en el espíritu inmortal.

La mente usa el cerebro como herramienta mortal para expresarse en la esfera tangible o mortal.

Hay, por supuesto, mientras vivimos este estado mortal, una *relación entre el cerebro y la mente*. Esa relación se expresa en los pensamientos, imágenes y sentimientos que son comunicados a través de esa parte de nuestro cerebro llamada la *corteza cerebral*.

La mente, normalmente, hace uso de la corteza cerebral para expresar sus pensamientos *dentro del nivel mortal*. En muy especiales ocasiones la mente recibe, comunica, exterioriza, o manifiesta a nuestro *conciente* luz y conocimiento *sin intervención de la corteza cerebral* o del órgano mortal llamado *cerebro*. Este proceso es llamado *revelación* o *intuición*.

Nuestro cerebro sirve o colabora con la mente como un inmenso deposito de información, una inmensa base de datos, de todo el aprendizaje conciente de esta vida mortal.

Mente ¿una o dos?

Mucho se ha escrito acerca de la *mente conciente* y la *mente subconsciente* que nos lleva a preguntarnos si tenemos dos mentes o una sola.

El Ser humano posee sólo una mente ó inteligencia con una función conciente y la otra subconsciente.

La mente o inteligencia del hombre *es solo una*; sin embargo se habla de la mente conciente y la subconsciente; esto no significa que tengamos dos mentes o que la mente se divide en dos secciones; más bien se refiere a dos diferentes funciones de la misma mente.

Esta división entre mente conciente y mente subconsciente se refiere más bien a la *doble vía que la mente tiene para recurrir a información* o conocimiento para responder a los desafíos de la vida.

El Conciente:

Esa parte de nosotros que llamamos *mente consciente* es la que aflora cuando respondemos a las situaciones de la vida en base al *conocimiento* que hemos adquirido en esta *vida mortal*; es la parte de nosotros que hace uso de los datos o información que hasta ahora, como seres mortales, hemos introducido en nuestro cerebro desde el día de nuestro nacimiento en la carne.

La capacidad de la *mente conciente*, o sea nosotros respondiendo en base al conocimiento mortal solamente, está *limitada* a la medida del conocimiento o información que hemos adqurido en nuestra existencia mortal.; y lo que es peor aún, no solo está *limitada al volumen* de conocimiento adquirido en la mortalidad, sino que también está *limitada por la calidad (verdadera o falsa) de la información* almacenada.

Si vivimos nuestra vida dependiendo mayormente del conciente nuestros logros será siempre limitados.

Mucho de nuestro comportamiento está gobernado por nuestra mente conciente haciendo uso de esa información limitada y muchas veces equivocada. De allí que mucho de nuestro comportamiento y por lo tanto de nuestra capacidad de logro está condicionada a esa información limitada y a veces equivocada con la que hemos llenado o nos han llenado el cerebro.

Nuestros padres, familiares, amigos, compañeros de escuela y trabajo, la sociedad, maestros, líderes religiosos; todos ellos han sido agentes emisores de información que ahora llena nuestro cerebro y que influye limitando la capacidad de nuestra mente ilimitada: el subconsciente.

La información *conciente*, falsa o negativa, actúa más bien como una barrera u obstáculo a la sabiduría de la mente subconsciente.

La mente conciente es lo que somos y podemos hacer en base al conocimiento adquirido y acumulado en nuestra vida mortal

Si nuestra creencia de nuestra capacidad y potencial de lo que somos y podemos hacer, está basado en la información de la mente conciente, nuestras oportunidades son muy limitadas y crearemos un mundo de limitaciones y logros escasos a lo largo de nuestra vida.

La cantidad y la calidad de conocimiento adquirido en la vida mortal nos establece límites de logro y progreso; si nuestra vida es gobernada básicamente por ese conocimiento, nuestra expectativas de riqueza, salud y amor abundante no serán satisfechas completamente.

Nuestro nacimiento mortal en esta vida terrenal nos provee de un cuerpo hecho de *elementos químicos* que actúa como *velo de olvido* y que hace que olvidemos o no podamos recordar todo el conocimiento y sabiduría que nuestra *mente o inteligencia eterna* ha adquirido durante los millones de años de existencia antes de ser asignada a esta vida mortal.

> **El cuerpo mortal de elementos químicos funciona como un velo de olvido entre nuestra mente conciente y la subconsciente.**

Por eso es que toda *verdad o principio eterno* es *enseñado* a nuestra *mente o inteligencia* como si no tuviéramos un cuerpo mortal; directamente a nuestros *espíritus* en donde la mente reside.

Es muy poco, si acaso lo hay, lo que *la mente o inteligencia* no sabe o desconoce respecto al conocimiento de toda verdad. Nuestra *inteligencia o mente* -nosotros-estamos aquí en esta *segundo estado mortal* no tanto para aprender la verdad, pues todas las verdades nos fueron enseñadas antes de venir a esta tierra.

En realidad cuando hablamos de que en esta vida se nos "*enseña*" o "*aprendemos*" una *verdad,* en cierto modo no es la manera correcto de expresarlo; pues en esta vida más bien que ser *"enseñados"* lo que realmente sucede es que se nos ayuda a **recordar** lo que hemos olvidado producto del velo de olvido que se impone a nuestra mente con el nacimiento mortal.

Dios, Nuestro Creador, planeó nuestra existencia mortal de esa manera para que este estado terrenal fuese un verdadero estado probatorio y una oportunidad para experimentar aquello que solo se puede experimentar poseyendo un cuerpo de elementos químicos.

Las escrituras sagradas del cristianismo enseñan que en esta vida andamos por *fe* y no por **vista**. Es decir, experimentamos esta *vida mortal* sin el conocimiento adquirido durante nuestra existencia *pre-mortal*; esto es así a fin de que este estado mortal sea un verdadero *estado probatorio* de nuestra disposición a obedecer las leyes eternas y dedicación a nuestro progreso y desarrollo.

Aunque al entrar a esta vida mortal se impone a nuestra *mente o inteligencia* ese *velo de olvido,* nuestro Creador no nos dejó sin ninguna ayuda; el ha *revelado* por medio de hombres sabios y de hombres santos muchas de las verdades que necesitamos para nuestro progreso y desarrollo; y también, de cuando en cuando, *ilumina nuestra mente conciente con destellos o porciones de el vasto conocimiento que guardamos en nuestra inteligencia o mente.* Este proceso funciona como una transferencia de verdades o conocimiento que viene de nuestra mente *subconsciente* a nuestra mente *conciente*.

Cuando una verdad, ley o principio de consecuencias eternas o de progreso y desarrollo es comunicada a nuestra *mente conciente* por medio de la "enseñanza", el *subconsciente o mente infinita confirma* dicha verdad y llegamos a saber de *manera conciente* que ese principio o ley es verdadero. Así mediante este proceso muchas verdades son *"recordadas"* o *transferidas* del *subconsciente* al *conciente*.

El cerebro funciona como un banco de datos en el que es almacenada toda información, *falsa o verdadera,* que recibimos en este estado de existencia mortal. Esta información que almacenamos en el cerebro es la que utiliza nuestra *mente conciente* para guiarnos en nuestro progreso y desarrollo en esta vida.

Por eso afirmamos que la información, *falsa o verdadera,* que almacenamos en nuestro cerebro puede *limitar o expandir* nuestra capacidad de logro y desarrollo.

La riqueza y progreso de una vida gobernada por el conocimiento acumulado en la mente conciente será proporcional a la cantidad y calidad de ese conocimiento.

Si nuestra *mente conciente* está dominada por el *conocimiento de creencias falsas* almacenadas en nuestro cerebro nuestra *capacidad conciente* de logro y desarrollo será muy limitada.

Si por otra parte, nuestra *mente conciente* esta dominada por el conocimiento de creencias *verdaderas* almacenadas en nuestro cerebro, nuestra capacidad de logro y desarrollo se verá magnificada.

El Subconsciente:

Por otra parte, la *mente subconsciente* es esa parte de nuestra mente que tiene acumulada una información, conocimiento y sabiduría *gigantezco*.

Siendo que la mente no ha sido creada, que ha tenido existencia en si misma por siempre, que ha coexistido en el universo con Dios, que tiene la capacidad de comunicarse con otras inteligencias; tiene por lo tanto *conocimiento universal para resolver cualquier problema y lograr cualquier resultado.*

Una vida bajo la influencia constante del subconsciente será rica, abundante y llena de logros impresionantes.

El gran secreto

Así que el gran secreto de todos los tiempos consiste en controlar los procesos mentales concientes, haciendo a un lado los pensamientos e imágenes falsas, negativas y limitadoras; y colocando en su lugar -a voluntad- las ideas, pensamientos e imágenes capacitadoras que nos liberen de las ataduras condicionantes; y desencadenen la sabiduría, conocimiento y poder ilimitado del subconsciente.

Cuando nuestra ***mente conciente*** está dominada por

conocimiento *verdadero* **se rasga el velo de olvido** y se une la creencia de la **mente conciente** con la creencia de la **mente subconsciente** produciéndose una explosión de fe que conduce al hombre y a la mujer a niveles de logro y progreso ilimitado.

Unir el conciente y el subconsciente en una sola voluntad y propósito nos abre las puertas a posibilidades de logro ilimitadas.

Cuando el hombre domina este proceso ha logrado la lucha suprema: *unir al conciente y al subconsciente en una sola voluntad y creencia.* Entonces la mente llega a ser *Una en creencia, propósito y voluntad* respecto a nuestra capacidad de logro y potencial de crecimiento.

Cuando el hombre logra este proceso, su progreso y crecimiento no tiene límite porque se unen en *Uno sólo* la experiencia y conocimiento logrado en el estado mortal con la sabiduría y conocimiento ilimitado de la mente universal e infinita. Este es el gran secreto y la llave de la riqueza y poder ilimitado.

Repito, *el gran secreto de todos los tiempos consiste en* **controlar los procesos mentales concientes,** *haciendo a un lado los pensamientos e imágenes falsas, negativas y* **limitadoras***; y colocando en su lugar las ideas, pensamientos e imágenes* **capacitadoras** *que nos liberen de las ataduras condicionantes; y desencadenen la sabiduría, conocimiento y poder ilimitado del subconsciente.*

Repito, *Cuando el hombre domina este proceso, ha logrado la lucha suprema:* **unir al conciente y al subconsciente en una sola creencia y voluntad**. *Entonces la mente llega a ser* **Una en creencia, propósito y voluntad** *respecto a nuestra capacidad de logro y potencial de crecimiento.*

No hay conquista suprema, ni logro más sublime que poner al conciente y el subconsciente en armonía de creencia, voluntad y propósito.

Cuando el hombre logra unir el *poder –conocimiento mortal basado en* **creencias verdaderas**- *del conciente* y el *poder –conocimiento universal y eterno-* del *subconsciente* se acabó la lucha interna, *se venció el enemigo que llevamos dentro –la oposición del conciente al subconsciente-* ; entonces el hombre ha *develado el gran misterio, el secreto de todos los tiempos,* la fuente de poder y riqueza ilimitada; a saber, armonizar el conciente y el subconsciente en pos de un propósito: el gozo ilimitado del hombre por medio de la salud, la riqueza y el amor en abundancia.

Este logro sólo se puede llevar a cabo educando o controlando -a voluntad propia- las ideas, pensamientos e imágenes que ponemos en nuestra mente conciente.

Algunas escritores han expuesto que el subconsciente trabajará con cualquier idea, sea falsa o verdadera, que pongamos en la mente para llevarla a la realización o materialización. Ellos afirman que si la creencia es falsa y el resultado pensado es pesimista, el subconsciente trabajará para realizarlo de esa manera; esta enseñanza es falsa y totalmente errónea.

Una enseñanza como esa pone a la mente infinita del hombre -el subconsciente- en un papel ridículo y tonto; sin ningún poder de discernimiento y sin sabiduría alguna. No hay enseñanza más ridícula y falsa que esa.

La mente o inteligencia infinita del ser humano, no es irreflexiva ni carente de sabiduría como para ponerse a trabajar en lograr un resultado que conducirá al ser humano –a si misma- a un nivel de desarrollo inferior o a experimentar miseria o dolor.

Una enseñanza tal, hace de la mente subconsciente un ser *inteligente* y *torpe* al mismo tiempo. ¿Habrá una enseñanza más ridícula que esta?

¿Cómo puede alguien concederle tanto poder y sabiduría a la *mente subconsciente* y al mismo tiempo decir que ella trabajará con cualquier idea que pongamos en nuestra mente, sea para bien o para mal del ser humano? ¿Acaso el ser humano es diferente de la mente que posee? ¿No es la mente nuestro verdadero Ser? ¿Quiere decir entonces que la *mente subconsciente* que posee el conocimiento acumulado de millones de años de existencia es sabia y estúpida al mismo tiempo? No. La *mente subconsciente* no es estúpida y sabia al mismo tiempo; de hecho es aquel componente de nosotros que nos hace sabios e inteligentes y que más se acerca a lo divino.

> **D**e los tres componentes que nos integran: inteligencia o mente, elemento eterno y elementos químicos; la inteligencia o mente es la forma más elevada y avanzada de existencia de la materia; es la parte de nosotros que, junto con elemento eterno, nos da nuestra verdadera identidad.

La inteligencia o mente es una sola; mediante el conocimiento y creencias almacenadas en el cerebro se manifiesta en la mortalidad como la *mente conciente* para ayudarnos a resolver los desafíos de la vida mortal.

Se ve *limitada en la mortalidad* por el *velo de olvido* que se nos impuso con el nacimiento, y por las *creencias falsas* que se nos han enseñado en la mortalidad y que hemos almacenado en el cerebro.

Si cambiamos nuestras *creencias concientes* respecto a nuestra capacidad de logro y *si comprendemos los principios, leyes y verdades* que conducen a la salud, la riqueza y el amor ya no estará más en conflicto con las creencias y conocimiento verdadero del *subconsciente* y entonces estarán unidas en creencia, propósito y voluntad para elevarnos a niveles superiores de gozo, logro y desarrollo.

Debe quedar bien en claro que la *mente* con sus dos funciones, *conciente y subconsciente*, siempre busca el bienestar y progreso del ser humano, **es decir, de sí misma**.

¿Qué es el Ser humano si no es mente o inteligencia? **Sin** la *mente o inteligencia* el ser humano es *elemento químico* -cuerpo mortal- que se *descompone* y *elemento eterno* que sólo está para recibir acción más *no para actuar.*

Sin mente o inteligencia no Somos

Entonces. ¿Cómo puede alguien afirmar que el *subconsciente*; esa parte de nuestra mente que posee el conocimiento y sabiduría acumulado de millones de años de existencia progreso y desarrollo; tomará cualquier *creencia conciente*, falsa o verdadera, para realizarla? Tal afirmación es falsa.

La mente con sus dos funciones, conciente y subconsciente, están para elevar al ser humano a niveles de logro y desarrollo superiores que le provean gozo en abundancia.

La función *conciente de la mente* hace lo mejor que puede para conducirnos hacia logros y desarrollo con la información de la cual dispone en el cerebro. El *conocimiento y creencias falsas* que hemos adquirido a lo largo de nuestra vida mortal limitan la capacidad y poder del *conciente*; entre tanto que el *conocimiento y creencias verdaderas* lo facultan y empoderan.

Cuando unimos las dos funciones de la mente, la conciente y la subconsciente, bajo el dominio de una creencia verdadera se genera una energía y poder capaz de lograr cualquier cosa justa para el beneficio personal y de la humanidad.

Toda creencia que conduce al ser humano a experimentar riqueza, salud y amor en abundancia es una **creencia verdadera**.

Toda creencia que conduce al ser humano a experimentar pobreza, enfermedad y odio es una **creencia falsa.**

Esto es así porque el propósito de la existencia del ser humano es para tener gozo en abundancia; y este gozo no puede venir si no es en la forma de riqueza, salud y amor. Experimentar gozo es un estado natural en el ser humano.

Sostenga en su *mente conciente* una *creencia verdadera* y obtendrá la total colaboración del conocimiento y sabiduría ilimitada de la *mente subconsciente* para lograr lo que desea.

Sostenga en su *mente conciente* una *creencia falsa* y será dejado sólo a merced de la *creencia falsa conciente*; sin la participación de *la mente subconsciente*.

> **C**uando sostenemos una creencia falsa o limitadora no hay ninguna posibilidad de progreso y logro; no porque el subconsciente tome esa idea o creencia falsa y la realiza; sino porque hay conflicto entre el conciente y el subconsciente.

El conflicto entre la función conciente y la subconsciente de la mente se origina cuando el conciente es dominado por una creencia falsa que el subconsciente en su infinita sabiduría y conocimiento rechaza.

¿Cómo funciona el poder del subconsciente?

Todos los escritores sobre el tema del subconsciente le atribuyen un poder ilimitado. La verdad es que la *mente o inteligencia* del hombre *unida en propósito bajo el dominio de una creencia verdadera* es la que tiene la capacidad de ejercer un poder creador ilimitado. Ese poder lo ejerce operando bajo la ley universal de la creencia o fe.

Si la creencia sostenida en la mente conciente es falsa, por ejemplo la creencia de que soy y seré pobre toda la vida, esa creencia pone en acción la fe como principio de poder y se desarrolla el *proceso para crear* la situación conforme a la imagen, forma o semejanza de la creencia falsa.

Es importante señalar que para ser pobre o lograr cualquier otro estado de miseria y atraso no se necesita conocimiento ni sabiduría. Así que para realizar lo que la creencia falsa propone no requiere la intervención del *subconsciente* con su infinita sabiduría y conocimiento.

Es la *creencia en la mente conciente* la que desencadena el poder de la fe para llevar a cabo la creación de lo que se cree o quiere. Esas creencias expresadas en pensamientos de imagen y formas de pobreza son comunicadas a la materia espiritual y temporal, las cuales obedecen para moldearse conforme a los pensamientos de forma de la mente creadora.

> **Si la creencia conciente es falsa –creencias de pobreza, enfermedad y odio-, no se necesitará la colaboración del subconsciente para crear el resultado creído, puesto que para crear pobreza, enfermedad u odio no se necesita sabiduría ni conocimiento verdadero del cual el subconsciente es depositario.**

Si la *creencia conciente es verdadera*, se necesitará la colaboración del *subconsciente* para crear el resultado creído; pues se requieren ideas, planes, experiencia y conocimiento verdadero para crear estados de riqueza, salud y amor.

Es por ello que a lo largo de este libro le hemos pedido que no se preocupe por el **cómo** sino por el **qué**. Lo importante es que usted sostenga en su *mente conciente* el **qué;** o sea, el estado de riqueza *que* desea; entonces, *su conciente recibirá del subconsciente por intuición o revelación* todas las ideas necesarias para llevar a cabo lo que usted quiere.

E poder para crear lo que uno quiere es el poder de la fe o creencia; y que la fe o creencia se ejerce por sostener en la mente conciente las ideas, pensamientos, imágenes, semejanzas y formas congruentes con lo que deseamos.

Así el pensamiento de forma, imagen o semejanza imprimirá en la materia espiritual la forma o imagen de lo que queremos. Si la *creencia conciente es verdadera*, el *subconsciente* le proveerá todas las ideas que necesita para crear su deseo en el mundo tangible o temporal. Por otro lado, si la *creencia conciente es falsa*, no necesita la colaboración del *subconsciente* y su sabiduría porque para crear pobreza, odio o enfermedad no se requiere la intervención de inteligencia.

La fe es el principio o ley con poder, dominio y autoridad sobre toda las formas de materia. Esta es una ley Universal disponible a todos los seres racionales e inteligentes.

La fe es el estado mental de certeza y convicción sobre lo que se desea; estado tal que viene de controlar a voluntad los procesos mentales del conciente para que se una a la sabiduría y conocimiento del subconsciente.

Cuando *concientemente* sostenemos pensamientos e imágenes cargados de energía positiva respecto a lo que deseamos, estos pensamientos e imágenes son comunicados a la materia espiritual inteligente que obedece para llevar a cabo la creación espiritual del deseo; a medida que la creación espiritual se realiza, la mente subconsciente colabora dándole las ideas y conocimiento necesario para lograr lo que desea; y guiándolo a las personas, en los momentos y lugares correctos para que su deseo se materialice.

El Subconsciente tiene acceso a una fuente inagotable de conocimiento y sabiduría.

Si para realizar el deseo del hombre se requiere un conocimiento y sabiduría mucho mas elevada; el *subconsciente* provee su servicio recurriendo al conocimiento que ha adquirido durante los millones de años de su existencia; o al conocimiento de la Mente

Universal que reúne el conocimiento de todas las mentes o a la Inteligencia Infinita de Dios.

EL LENGUAJE UNIVERSAL

El lenguaje *simbólico* es el lenguaje universal. Es mediante símbolos que mejor se comunica toda intención a la mente. El pensamiento de *forma, imagen* y *semejanza* es el lenguaje de símbolos.

La mejor manera de comunicar muestra intención a nuestra mente -conciente y subconsciente- es mediante el uso de *símbolos*. Por esto es que en los libros sagrados de las distintas religiones del mundo encontramos el uso constante de símbolos para enseñar verdades y principios profundos.

El lenguaje de símbolos es el lenguaje más antiguo y es el medio más eficaz para comunicar a la inteligencia o mente nuestras intenciones y deseos.

Los pensamientos de *forma, imagen o semejanza* que sostenemos en nuestra mente son comunicados a la inteligencia de la materia espiritual y esta se moldea, conforma y organiza para adquirir la forma, imagen o semejanza pensada.

> **El pensamiento de forma o imagen cargado de sentimiento o emoción tiene más fuerza que cualquier otro lenguaje para comunicar a nuestra mente o inteligencia nuestras intenciones y deseos.**

La comunicación de una *imagen cargada de sentimiento* tiene una impresión muy fuerte en nuestras mentes. Si una imagen es asociada o cargada con un sentimiento desagradable impresionará nuestra mente con un aborrecimiento o rechazo hacia la cosa que la imagen representa.

Conozco una mujer que le encantaban los espaguetis cuando era niña, pero cada vez que los comía sus hermanos le hacían asco refiriéndose a los espaguetis como sin fuesen lombrices. En poco tiempo ella llegó a despreciar los espaguetis porque asoció la imagen del espagueti con el de una lombriz y una sensación de asco. Ahora ya es una mujer adulta de cincuenta años de edad; odia los espaguetis y es incapaz de comerlos.

Otro ejemplo: mi refresco favorito para acompañar las comidas era la limonada. Un día decidí hacerme una limpieza tomando una bebida purgante sabor a limonada. La bebida tenía sabor a limón pero su olor y viscosidad la hacían repugnante; los efectos que me produjo fueron aún peores. Han pasado catorce años desde aquella ocasión y no he vuelto a probar la limonada; el solo pensar en ella me produce asco y como consecuencia rechazo. Tal es el poder de una imagen asociado a una emoción.

Hemos mencionado en varias ocasiones que pienses en lo que **_si_** quieres y no en lo que **_no_** quieres. Usaremos un ejemplo para ilustrarlo mejor, por ejemplo, sostén este pensamiento en tu mente:

"Yo no quiero comer frijoles"

Te pregunto, ¿Qué imagen vino a tu mente?;

Ahora prueba con este pensamiento:
"Yo quiero comer pollo"

Te pregunto, ¿Qué imagen vino a tu mente?

Como pudiste darte cuenta, la mente no pone atención al **no** o al **si**, ella usa solamente la palabra que puede ser convertida en imagen. Por eso todo pensamiento debe usar solo las palabras que convertidas en imagen son representación de lo que **_si_** quieres crear.

En el capitulo anteriror presenté una serie de herramientas que puedes utilizar para producir fe en tu mente. Casi todas ellas están basadas en el uso de imágenes o formas asociadas con emociones o sentimientos.

Con todo este conocimiento adquirido hasta este momento tú entiendes y sabes perfectamente como llevar a cabo el proceso de creación de riqueza ilimitada en tu vida; empieza inmediatamente a poner en práctica este conocimiento.

Confía en lo que sabes, ejerce fe en lo que has aprendido; no te preocupes por los detalles, haz lo que acá te hemos explicado y prepárate para recibir más dinero y riqueza de lo que te has imaginado antes.

Capitulo 6

PRINCIPIOS QUE ACELERAN LA CREACIÓN DE RIQUEZA

El Universo y todas las creaciones que en el existen forman parte de un plan perfectamente creado; nada ha sido dejado al azar o la casualidad; en todas las creaciones, desde la más pequeña hasta la más gigantezca, se manifiesta el gobierno de la ley.

El gobierno de la ley es un principio inherente a la existencia misma del Universo. Cada vez que la materia se organiza para formar una nueva creación, a esta creación se le da a conocer la ley, se le establecen sus límites y se le asigna su esfera de acción; dentro de esos límites y esfera, y bajo el gobierno de la ley, esta creación es independiente para obrar por si misma. Si la creación ejerce su libertad con responsabilidad, es decir, dentro de los límites de la ley, experimenta progreso y desarrollo; si por el contrario no obedece la ley, experimenta destrucción.

La fe –pensamiento- como primer principio de poder y la obediencia -obras buenas- como la primera ley, son pilares fundamentales para nuestro crecimiento ilimitado.

Toda creación que se somete a la ley, que respeta los límites establecidos y que crece y desarrolla de acuerdo con la ley experimenta gozo y llena la medida completa de su existencia.

La desobediencia a la ley y el vivir o actuar sin límites nos hace esclavos y obstaculiza nuestro crecimiento personal. La libertad verdadera se experimenta cuando empleamos responsablemente el albedrío moral -la libertad de escoger- que se nos ha conferido.

La fe tiene dos aplicaciones, una aplicación *como principio de poder* y otra *como principio de acción*.

La fe *como principio de poder* se manifiesta o ejerce por medio del *pensamiento de imagen, forma o semejanza* cargado de un sentimiento de *certeza y convicción*. Empleando la fe *como principio de poder* llevamos a cabo la *creación espiritual* de lo que deseamos.

La fe *como principio de acción* se manifiesta o ejerce cuando somos movidos a la acción para *realizar las buenas obras* que son necesarias para llevar a cabo la *creación temporal o tangible* de nuestro deseo.

> **El pensamiento produce
> la creación espiritual;
> las buenas obras la
> creación material.**

Cuando sostienes con firmeza la creencia de riqueza en tu mente conciente, la creación espiritual de lo que deseas se organiza o crea; pronto comienzan a llegar desde tu subconsciente a tu mente conciente las ideas y planes de las obras o acciones que debes realizar para materializar en el mundo tangible tu deseo.

Cinco Leyes que Aceleran la Creación de Riqueza

1-esfuerzo concentrado

Cuando estuve en el ejército con frecuencia nos llevaban al polígono de tiro al blanco para desarrollar nuestra destreza de puntería en el disparo. Frente a nosotros, a cierta distancia considerable, estaba un cartón con varios círculos dibujados en forma concéntrica; en el mero centro del círculo más pequeño había un punto negro; pegar el disparo en el punto negro era nuestro objetivo principal.

La primera vez que nos llevaron a disparar no nos dieron instrucción alguna sobre cómo hacerlo; mis disparos no fueron nada acertados. Después de probar varias veces nos pidieron que dejáramos de hacerlo y nos explicaron algunas técnicas sencillas para *concentrar todo nuestro esfuerzo* en pegarle al punto negro.

Entre algunas instrucciones que nos dieron nos dijeron lo siguiente: tienen que poner en una misma línea –alinear– las dos miras del fusil y el punto negro del blanco al que quieren pegarle; empiecen apuntando ligeramente arriba del punto negro y hagan descender despacio el fusil hasta lograr el alineamiento; pongan solamente la punta de su dedo índice sobre el gatillo para que al apretar el gatillo el fusil no se mueva hacia un lado; en el momento que van a efectuar el disparo y que tienen alineada la mira y el blanco, contengan la respiración; no pierdan la alineación y hagan el disparo; y por supuesto, no cierren los ojos al momento de disparar. Es sorprendente que al aplicar estas sencillas instrucciones nuestra puntería mejoró increíblemente.

El refrán que dice "el que mucho abarca poco aprieta" es una versión popular de la ley del Esfuerzo Concentrado. Al poner en práctica todos los principios que hemos aprendido sobre la creación de riqueza; un plan vendrá a nuestra mente para lograrlo. No hay que entrar en desesperación, el plan vendrá. No hay manera de evitarlo; es el resultado de pensar como hemos aprendido a pensar por conocer los principios que gobiernan la creación de riqueza. Tenga la seguridad que el plan le será revelado, inspirado o comunicado a su mente. Así funciona y no hay manera que falle.

Cuando el plan para la creación de riqueza llegue a tu mente tú lo sabrás, no hay ningún misterio en esto, es sencillamente una comunicación de tu mente infinita a tu mente conciente; tu lo sabrás cuando llegue; o talvez ya llegó y tu lo sabes. Si no ha llegado no te preocupes, ni te pongas ansioso; solo sigue manteniendo el patrón de pensamiento que te hemos enseñado y espera, llegará y tu lo identificarás sin problemas cuando llegue.

A veces el plan o la oportunidad para crear riqueza llegan como si fuese producto de un accidente; varios negocios que yo he empezado han resultado por "accidente" o como respuesta a una necesidad o situación no planificada. Lo cierto es que cuando nuestra mente está concentrada en la creación de riqueza, las condiciones se empiezan a dar de manera sorprendente.

Recordemos que nuestros pensamientos de forma o imágenes trabajan sobre la sustancia o materia, comunicándole nuestro deseo y que ésta se moldea para adquirir la forma de nuestros pensamientos. En esto consiste el Poder Creador del que hemos venido hablando; poder que viene cuando logramos la UNIDAD de PROPOSITO entre la mente conciente y la subconsciente.

Cuando concentramos nuestro esfuerzo en lo que queremos, todo se combina con una sincronización   sorprendente para hacerlo realidad.

El esfuerzo concentrado tiene varias aplicaciones en nuestro plan para crear riqueza:

Conocimiento espeecializado:

Está probado que aquellos que tienen más éxito en crear riqueza material no son los que saben un poco de muchas cosas; sino los que saben mucho de una cosa. Esto es lo que se conoce como conocimiento especializado. Esto es cierto aún entre aquellos que ejercen profesiones; tomemos el ejemplo de un médico. El medico general ganará menos que el especializado en medicina interna, este ganará menos que el de medicina interna que se ha especializado como oncólogo, y este ganará menos que el oncólogo experto en neuro-inmunología. Más especializado el conocimiento de un profesional, más cotizados sus servicios.

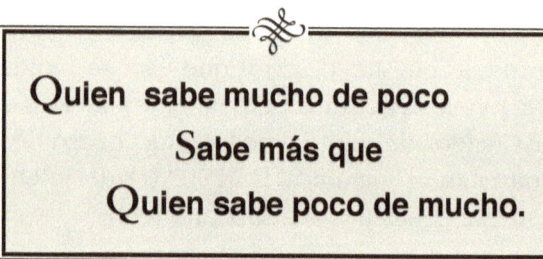

Quien sabe mucho de poco
Sabe más que
Quien sabe poco de mucho.

Un periodista acusó a Henry Ford en una ocasión de ser ignorante porque no tenía una educación formal avanzada; sin embargo Ford tenía toda su mente y su esfuerzo concentrado en un solo objetivo: fabricar masivamente un vehículo que fuese accesible a toda la gente. Henry Ford lo logró, hizo un bien a la humanidad y llegó a ser unos de los hombres más adinerados de los estados Unidos.

Adquirir conocimiento, educación o cultura general es importante sobre todo cuando aún no has descubierto tu vocación, es decir tus talentos únicos, tus fortalezas o destrezas principales, tu interés más fuerte. Pero una vez que descubres tu vocación –interés y destrezas- no hay nada más importante que especializarte, volverte experto en tu área de interés y destreza. De todas formas, es en esta área –la de tus destrezas e interés- en donde harás tu mejor aportación al Universo y a la humanidad.

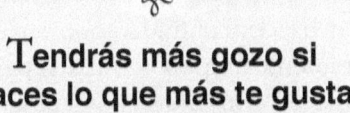

Tendrás más gozo si haces lo que más te gusta y lo que mejor puedes.

Uno de mis hijos, Juan, descubrió a temprana edad sus fortalezas –destrezas e interés - ; él tiene un talento natural para tratar con las personas y una pasión increíble por los negocios.

Hubo un tiempo, cuando el estaba en la Escuela Secundaria, que quería ser futbolista profesional como su hermano mayor, Salomón. Lo que sucedía es que Juan quería ganar mi atención, sabiendo que a mi me encanta el fútbol y que asistía a todos los encuentros de fútbol de mi hijo; Juan deseaba seguramente la misma atención de mi parte.

Un día hablamos sobre el asunto; le dije con franqueza lo que yo pensaba; le recordé sus talentos y habilidades más fuertes; le expliqué que el podía ser un buen jugador a nivel de Secundaria y con mucho esfuerzo y dedicación a nivel profesional, pero que su talento más grande era, como él bien lo sabía, para los negocios; y que en esta área el sería sobresaliente y aportaría lo mejor a la humanidad.

Poco tiempo después su interés en el fútbol comenzó a decaer, se concentró en sus estudios cada vez más, decidió graduarse temprano de su escuela Secundaria y tomando créditos extras y haciendo paquetes de estudio se graduó un año temprano.

Entró a la Universidad a la edad de dieciséis años; ha empleado varias estrategias para adelantar créditos y se graduará con un bachillerato Universitario en negocios a la edad de 18 años.

Juan es un joven que sabe bien cuales son sus fortalezas, destrezas e interés; ha elegido los negocios como su área de desempeño; ha concentrado todo su esfuerzo en este campo; recientemente empezó a trabajar para una compañía en Estados Unidos; constantemente pide al dueño de la compañía que lo ponga como vendedor; siempre que hablamos me explica sus planes para hacer dinero y su meta de ser multimillonario a la edad de 26 años. Yo lo conozco muy bien y no dudo que lo logrará.

Juan usa mucho de su tiempo libre leyendo libros de superación personal y de negocios. Cuando era muy niño lo motivaba a leer libros pagándole tres dólares por cada libro que leía; así que a temprana edad leyó muchos libros buenos como "Piense y Hágase Rico" de Napoleón Hill; "El Vendedor más grande del Mundo" de Og Mandino.

En mi caso personal creo que vine equipado a esta vida con el talento de escribir, discursar, de hacer negocios y de motivar a la gente a crecer. Por eso he dedicado mi vida a estas áreas. No solamente son mi destreza principal, sino que además disfruto haciéndolo.

Mi otro hijo, Salomón, vino a este mundo equipado con un talento sobresaliente para los deportes y un don para tratar y entender a los animales. El posee una inteligencia corporal o física extraordinaria. Tiene una pasión por el fútbol, deporte que ha practicado desde su niñez. Utiliza mucho de su tiempo entrenando, jugando en su equipo y viendo partidos de fútbol. La otra parte de su tiempo lo usa administrando una pequeña granja personal. Salomón tiene la meta de ser uno de los futbolistas más destacados del mundo; no dudo que tiene el talento para lograrlo.

Mi hija Karenin es muy seria, madura, organizada y tiene una capacidad extraordinaria para memorizar, analizar y aplicar el conocimiento adquirido. Ella será, sin duda, una abogada muy respetada.

Mi hija menor, Sarahí, quien ahora tiene 13 años; tiene el talento de callar y escuchar; es una excelente observadora; le encanta escribir. Está marchando bien en el proceso de descubrir sus talentos y encontrar su vocación o propósito en la vida.

Como padres debemos ayudar a nuestros hijos a reconocer sus fortalezas; a darse cuenta de sus mejores talentos y de las cosas que más le gustan o interesan en la vida. Descubrir a temprana edad las fortalezas los pone rápidamente en el camino hacia el éxito.

Vienes a este mundo equipado con las destrezas, talentos y habilidades que necesitas para triunfar.

Los talentos y experiencia que desarrollaste en la vida espiritual pre-mortal no los perdiste; naces con todas esas potencialidades.

Como lo he mencionado varias veces en este libro; en el Universo nada ha sido dejado a la casualidad o el azar. Cada creación ha sido organizada con un propósito que tanto ella como su creador conocen. Tú sabes cual, es el propósito específico por el cual fuiste creado y enviado a este mundo. Claro que lo sabes, tu mente o inteligencia, que es tu verdadero Yo lo sabe. Talvez dicho conocimiento no ha llegado a tu parte conciente, pero allí en la parte subconsciente o universal y eterna de tu mente está el conocimiento perfecto del propósito específico por el cual fuiste creado. Si este conocimiento no ha llegado aún a tu mente conciente; por aplicar lo que has aprendido en este libro llegarás a saberlo. Cuando llegue lo sabrás y dará mucha dirección y motivación a tu vida. No te preocupes si aún no lo sabes, por seguro llegará.

Tú fuiste creado con un propósito específico; tú y tu Creador lo saben; es probable que aún no haya llegado a tu conciente y está guardado en el subconsciente de tu mente.

Cada creación ha sido organizada con un propósito que es conocido a la mente o inteligencia de esa creación. Sea que dicho conocimiento todavía este en el subconsciente o que ya ha llegado al conciente. Así como fuiste creado para cumplir una misión o propósito específico en esta vida; de la misma manera no fuiste enviado a este mundo sin el equipo de viaje que necesitas. Tu creador ya te dio los recursos que necesitabas para cumplir tu misión. Tú naciste con los talentos, destrezas, habilidades e intereses para llevar a cabo tu propósito.

PRECISION DE OBJETIVO

Tu gran objetivo que sirve de contexto a todo lo demás es hacerte millonario, crear riqueza en abundancia. Conserva este gran objetivo como el blanco principal siempre en tu mira. Practica la autosugestión en todo momento con respecto a este gran objetivo.

La autosugestión es el proceso consciente que tú realizas para alimentar tu mente con ideas, pensamientos, símbolos, imágenes y sentimientos de seguridad respecto a lo que deseas que suceda. En el capítulo 4 de este libro, "Herramientas para Producir Poder", te presentamos diferentes herramientas de autosugestión que puedes utilizar. Es por medio de la autosugestión conciente que tú unes al conciente y el subconsciente en UNO sólo; para trabajar con un sólo propósito: crear riqueza ilimitada para ti.

La autosugestión es un mecanismo permanente y natural en nuestra mente; es decir, en nuestra mente siempre hay pensamientos e imágenes ya sea de riqueza o pobreza, de abundancia o escasez. La autosugestión mental es un proceso constante y espontáneo en nuestra mente. Como explicamos en una parte anterior del libro, tu mente es un escenario en donde siempre hay algún pensamiento o una imagen actuando. Este puede ser de pobreza o riqueza; pero no los dos al mismo tiempo, pues la duda y la fe no pueden ocupar la mente al mismo tiempo.

Todos los pensamientos e imágenes, para bien o para mal, son comunicados a la materia que llena el espacio y que tiene capacidad para obedecer y moldearse conforme a la forma pensada.

Mediante el mecanismo de autosugestión voluntaria y conciente tu puedes poner en tu mente conciente las ideas, pensamientos e imágenes de riqueza; mediante ellos estarás moldeando la materia espiritual conforme a tus deseos; y obtendrás del subconsciente las ideas y planes que necesitas para realizar o materializar tus deseos de riqueza.

Si tus pensamientos e imágenes son de pobreza, escasez, temor, duda y preocupación; el mensaje poderoso, aunque de energía y comunicación negativa, que estás enviando a la materia inteligente es de creación de pobreza. Pero, si en cambio, los pensamientos e imágenes que dominan tu mente conciente son de abundancia y riqueza; tu mente infinita, poderosa y universal utilizará todo su conocimiento, sabiduría y destreza acumulada en los millones de años de existencia para ayudarte a lograr lo que deseas.

Por lo tanto, es importante que elijas o decidas voluntariamente tu objetivo principal de crear riqueza abundante para ti y que autosugestiones tu mente constantemente con pensamientos e imágenes de lo que quieres.

Además de precisar tu objetivo mayor y dedicar el esfuerzo mental de autosugestión a él; tendrás que establecer otros pocos objetivos mediante los cuales colaboraras con tus acciones a la creación de riqueza.

Estos otros objetivos son en realidad peldaños de tu objetivo mayor de crear riqueza abundante para ti. Por ejemplo, por ahora yo estoy trabajando bastante en consolidar Big Value como un sistema de negocios exitoso que pueda duplicar en otrás ciudades y países con los mismos resultados. Con bastante frecuencia personas bien intencionadas vienen a mí proponiéndome otras oportunidades de negocio, no voy a negar que me siento tentado a tomarlas, pero después de pensarlo mejor y darme cuenta que tengo una oportunidad grandiosa en Big Value, las postergo o rechazo a fin de concentrar mi esfuerzo, energía, pensamiento, tiempo, recursos y pasión en la oportunidad que ya tengo en mis manos.

El dicho popular "más vale pájaro en mano que cien volando" es cierto sobre todo cuando ese pájaro representa una excelente oportunidad de negocios que puedes hacer crecer y multiplicar sin limites.

2-potenciación de recursos

Me gusta mucho el concepto matemático de *Potenciación de un Número* por las aplicaciones de simbolismo que le podemos dar en nuestra vida.

Para expresar la *Potenciación de un número* se consideran dos partes: *la **base***, que es el número que se multiplica por si mismo; y el ***exponente*** que es el número que indica las veces que la base debe multiplicarse por si misma.

Una *potencia* se escribe poniendo el número ***base*** de tamaño normal y junto a él, arriba a su derecha se escribe el ***exponente***, de tamaño más pequeño, así: 4^5

Para leer la potenciación de un número como el anterior decimos "Cuatro elevado a la quinta potencia"

Veamos lo que sucede con el cuatro elevado a la quinta potencia: $4 \times 4 \times 4 \times 4 \times 4 = 1,024$
Veamos como sucedió esto:
4 x 4 = 16, **4** x 16= 64, **4** x 64= 258, **4** x 258 = 1,024.

Apliquemos este concepto matemático como un simbolismo o representación de algún aspecto de nuestra vida: el asociarnos con otras personas.

Los logros más grandes y significativos solo son posibles cuando trabajamos en equipo y producimos el efecto de potenciación.

Ningún logro importante en la vida es posible sin asociarnos con otras personas. Bien cierto es que nuestros sueños, deseos y talentos son la ***base*** sobre los que edificaremos o crearemos la riqueza ilimitada pero asociarnos con otros fortalecerá nuestras debilidades.

Nosotros mismos somos la *base* fundamental de nuestro propio progreso y bienestar; no podemos evadir la responsabilidad, dejarla en manos de otros y creer que nos irá bien. Sin embargo, la ***potenciación*** nos recuerda que somos más, podemos más, aumenta nuestra capacidad de logro si nos **exponemos** o acompañamos de los recursos y destrezas de los demás.

En este Universo inteligente todas las creaciones están interrelacionadas, sus propósitos se asocian y sus recursos se complementan. Piensa en los talentos que tú tienes y a qué talentos necesitas **exponerte** para **elevarte** a un nivel superior de poder y logro. Yo he sido muy afortunado, en el transcurso de mi vida, en los diferentes proyectos y negocios que he participado; digo que he sido muy afortunado porque me he **expuesto** al talento de otras personas con las cuales me he asociado para **elevar** mucho más mi poder y capacidad de logro.

Ejerce cuidado para encontrar las personas con las cuales quieres asociarte; sobre todo asegúrate que ellos son pensadores positivos, que enfrentan la vida y los desafíos con optimismo. Lo peor que puedes hacer es asociarte con alguien que tiene una energía negativa. Si ya estás asociado con una persona de energía negativa, regálale este libro y asegúrate que lo lea; todos tienen derecho a cambiar.

Al escoger las personas con las cuales quieres asociarte busca a aquellos que tienen destrezas, talentos, experiencia y habilidades que tú no tienes o que posees pero pobremente desarrolladas.

Cuando yo busco socios en los negocios, busco una persona con habilidades de mercadeo y ventas y la otra con experiencia en administración de operaciones o procesos de producción. De esta manera, yo me dedico a la parte Financiera y de administración general; entre tanto que uno de los socios se ocupa de vender y el otro de producir.

En la medida que las necesidades del negocio lo requieren; más talentos nuevos se agregan como empleados claves. Asociarnos con otros es la manera económica y rápida que conozco para potenciar nuestros recursos agregando los talentos y habilidades que a mi me faltan.

3-el mejor esfuerzo

El Universo tiene sus leyes; nada podemos hacer para cambiarlas, pero si podemos aprenderlas, entenderlas y aplicarlas para nuestro objetivo de éxito. Una de esas leyes que gobierna el Universo es la Ley del Mejor Esfuerzo en contrapeso del mal hábito del menor esfuerzo.

La ley del Mejor Esfuerzo dice que El Universo y las Creaciones que en él hay no vendrán en nuestro auxilio para hacer lo que nosotros podemos hacer por nosotros mismos. La naturaleza no se complace en la ociosidad sino en la laboriosidad. El dicho "Ayúdate que te ayudaré" es la expresión popular de la Ley del Mejor Esfuerzo.

No hay logro que pueda escapar al poder de la fe sumada al mejor esfuerzo.

La vida está diseñada para poner a prueba la firmeza de nuestras intenciones y el poder de nuestros deseos. Es sólo después de la prueba que el éxito se logra. Esta característica de la vida obedece a la Ley de la Oposición. Todo en la vida se expresa en dos direcciones distintas y opuestas: positivo y negativo, blanco y negro, riqueza y pobreza, alto y profundo, salud y enfermedad, amor y odio, lealtad y traición, seguir o abandonar, etc.; y la vida es así porque de otra manera el albedrío moral del hombre -su libertad para escoger- no tendría ningún sentido. ¿Cómo ejercería el hombre su albedrío moral si no hay oportunidad de escoger?

Conociendo que existe la Ley de la Oposición y la Ley del Mejor Esfuerzo como principios gobernantes del Universo estamos mejor equipados para enfrentar los desafíos y obstáculos que se interponen en nuestro objetivo de crear riqueza ilimitada. Sabemos que la oposición vendrá de alguna manera y que después de ella vienen los privilegios, la recompensa, las oportunidades, la gloria, la riqueza.

Yo no he sabido de una persona que no haya experimentado el fracaso o serias dificultades antes de llegar a crear una riqueza inmensa. Todos ellos lo enfrentaron con una resolución inquebrantable; no se desanimaron, no abandonaron sus sueños y deseos; siguieron adelante contra viento y marea hasta que consiguieron lo que querían.

Uno de los atributos comunes de las personas que tienen éxito y consiguen lo que quieren es su actitud frente a la derrota; nunca se dan por vencidos; siempre siguen adelante; no pierden su confianza en el futuro; saben que cada amanecer es una nueva oportunidad.

No es lo que nos sucede lo que conduce al fracaso, sino lo que hacemos con lo que nos sucede.

El siguiente poema de Walter Malone nos invita a la reflexión y a enfrentar los desafíos y fracasos momentáneos con una actitud de triunfadores:

Oportunidad

Mal me hacen los que dicen que no volveré,
Cuando antes llamé a tu puerta y no te encontré;
Pues todos los días permanezco ante esa puerta,
Y te pido que te levantes para luchar y ganar.

No llores por las preciadas oportunidades pasadas;
No llores por las menguantes edades de oro;
Todas las noches quemo los registros del día;
Al amanecer cada alma vuelve a nacer.

Ríe como un niño ante los esplendores ya vividos,
Sé ciego, sordo y mudo ante los gozos desvanecidos;
Mis juicios sellan el muerto pasado con sus muertos,
Pero nunca frenan un momento aún por llegar.

Sin importar cuantas veces enfrentas el fracaso; no habrás fracasado si lo tomas y te sirve de motivación para seguir intentándolo una y otra vez.

Tomas A. Edison enfrentó el fracaso más de diez mil veces al tratar de inventar el bombillo eléctrico; Edison nunca sintió que había fracasado, solo pensó que con cada fracaso que enfrentaba estaba más cerca de encontrar lo que buscaba; y siguió experimentando hasta que lo encontró.

Hace casi un año y medio fui diagnosticado con una enfermedad llamada Miastenia Gravis o Grave Debilidad Muscular. Me atacó en una forma cruel y rápida; en poco tiempo mis músculos estaban tan débiles que aquellas tareas que eran tan sencillas llegaron a ser imposibles para mí. Abrocharme la camisa, peinarme, bañarme, usar la computadora, comer, beber agua, caminar y otras más simples llegaron a ser imposibles de realizar. El médico que me diagnóstico la enfermedad en Estados Unidos me dijo que yo estaba grave y que la enfermedad era incurable. Ese mismo día supe que tenía que cambiar médico o el me mataría. ¿Cómo puede recuperarse un paciente con un médico cargado de tanta energía negativa? No hay manera. Pasé días y meses difíciles, más nunca me di por vencido; durante ese tiempo aprendí mucho y preparó mi mente para triunfos mayores; la enfermedad me privó de muchas actividades que antes hacía mientras despertaba en mi alma nuevos intereses y aptitudes que estaban dormidas.

La Perseverancia inquebrantable es una marca común en todos los que logran el éxito; ello es una decisión personal; decídete hoy, si aún no lo has hecho, a no darte por vencido nunca.

4-integridad de propósito

Hay varios caminos para lograr riqueza material; ya antes mencionamos el camino de Ensayo y Error –la manera dura- y el camino de Competir y Aprovecharse –la manera sucia-. Puedes hacerte rico haciendo negocios ilegales o lastimando el derecho de otras personas; sin embargo, estas vías hacia la riqueza también son las vías hacia la vergüenza y la autodestrucción.

Tú Crearás Riqueza con Integridad de Propósito. Esta es la manera de crear riqueza sin perder la integridad de carácter y en armonía con el propósito universal.

Hacerlo con integridad, sin violar las leyes y lastimar el derecho de los demás, te da confianza y seguridad; te da la paz de conciencia que viene a la mente de aquellos que hacen las cosas con honestidad.

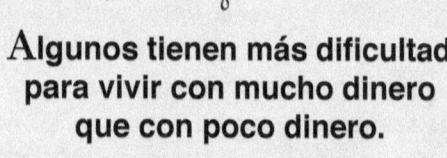

Algunos tienen más dificultad para vivir con mucho dinero que con poco dinero.

Otro aspecto importante en tu búsqueda de la riqueza es definir el propósito por el cual quieres hacerte rico. Cuanto más integridad y armonía exista en tu propósito, más poder para crear riqueza estará a tu disposición.

Es bueno que en este punto te detengas y te preguntes "¿Por qué quiero ser rico?, ¿Qué haré con la abundancia de bienes que obtenga?" Recuerda que el dinero pone a tu disposición casi todo lo que quieras en la vida, sin importar si es bueno o es un vicio.

Algunas personas pierden los componentes más valiosos de la vida cuando obtienen mucha riqueza. La paz de conciencia, la familia, la integridad, los valores, no tienen precio; son bienes de valor incalculable.

De nuevo te pido que te preguntes, "¿Por qué quiero ser rico?, ¿Qué haré con la abundancia de bienes que obtenga?". Por supuesto que emplearás la riqueza que obtengas para satisfacer todas tus necesidades; a medida que adquieras más riqueza verás como aumentan tus necesidades también. Cuanta más riqueza obtengas verás que tus necesidades aumentan no solo cuantitativamente sino también cualitativamente. Te encontrarás con más necesidades y de un nivel más superior que las de antes.

Recuerdo una vez que estaba impartiendo un curso de servicio al cliente al personal de una empresa en la ciudad de Guatemala; al principio del seminario pedí a todos los participantes que escribieran su nombre y que eligieran una clase de animal y que escribieran ese tipo de animal junto a su nombre.

Les pedí que explicaran al grupo porque habían elegido ese animal en particular. Era un grupo de unas 30 personas, los animales que habían escogido eran muy variados. El Gerente General de la empresa había escogido el León. El explicó que había escogido el león porque era un animal feroz y que además era el rey de la selva. El Gerente de ventas había seleccionado el águila porque este animal volaba muy alto y tenia una visión poderosa para cazar desde las alturas. La cajera se había identificado con una mariposa por los hermosos colores de ella. Pero lo que me llamó más la atención fue el animal que había escogido un ayudante de bodega; era un hombre de muy poca educación, muy sencillo y el que ganaba menos en toda la empresa. El me dijo muy serio: "escogí el ratón"; sin mostrar mi asombro le pregunté por qué había escogido el ratón, a lo cual contestó: "porque el ratón es muy listo; el siempre consigue la comida que necesita." Su respuesta tenía todo el sentido común del mundo; al nivel en el que el ganaba, apenas le ajustaba para subsistir; de allí que sintiera admiración y respeto por el ratón que siempre se las arreglaba para alimentarse. Esa dinámica sencilla sacaba a luz algunas verdades sobre las necesidades que más preocupaban a los participantes; así como el nivel en el que ellos se sentían ubicados.

En 1943 Abraham Maslow propuso la Pirámide Jerárquica de las Necesidades Humanas como una teoría de la motivación humana. Su teoría proponía que cuando una persona logra satisfacer sus necesidades básicas;

inmediatamente aparecen nuevas necesidades de un nivel jerárquico superior a las ya satisfechas.

La teoría de Maslow tiene un buen fundamente; creo que todos lo hemos experimentado en la vida; cuando satisfacemos una necesidad o logramos un nivel de progreso; inmediatamente aparece otro más arriba que nos desafía a un nuevo deseo de logro. Ese deseo de progreso, desarrollo y crecimiento es inherente, natural y espontáneo en todo ser normal.

La pirámide de la jerarquía de las necesidades humanas de Maslow está dividida en cinco niveles; los primeros cuatro niveles inferiores son agrupados dentro de una sola categoría llamada *necesidades de escasez* asociadas con *necesidades fisiológicas*; mientras que el nivel superior de la pirámide es llamado *necesidades de crecimiento* y están asociadas con las *necesidades psicológicas*.

Maslow enseñó que mientras las *necesidades de escasez o fisiológicas* pueden ser satisfechas completamente; las *necesidades de crecimiento* o psicológicas están continuamente creciendo y modelando el comportamiento de la persona. El punto básico aquí, es que las necesidades de crecimiento o psicológicas, sólo vienen a nuestra atención cuando las necesidades de escasez o fisiológicas, ya están principal o totalmente satisfechas.

De nuevo te pido que te preguntes, "¿Por qué quiero ser rico?, ¿Qué haré con la abundancia de bienes que obtenga?". Satisfacer todas tus necesidades y las de tu familia es una muy buena razón pero no suficiente. Debes hacer que tú intención personal de crear riqueza, satisfaga tanto el requisito *individual* como el *universal*.

El requisito *individual* está bien claro: satisfacer las necesidades fisiológicas y psicológicas tuyas y las de tu familia.

Respecto al requisito *universal* la pregunta a responder es ¿Quién más se va a beneficiar con la riqueza que harás?, ¿Qué causa buena y justa apoyarás con el dinero que hagas?

Si tu puedes responder a esas preguntas y te comprometes a hacerlo; te prometo que tú propósito personal de crear riqueza será iluminado por la Inteligencia Infinita que gobierna el Universo y serás lleno de un poder y capacidad qué va más allá de tus capacidades individuales; ¿Por qué?, porque ahora no estás pensando de manera egoísta, estas buscando hacer bien a otros con la riqueza que hagas.

Es asombrosa la ayuda que recibes cuando tu propósito de crear riqueza, llena la medida *individual y la universal.* Es haciendo esto que te asocias con el Creador del Universo, con la Inteligencia Superior y Universal; y llegan a ser UNO en propósito y voluntad. ¿Te puedes imaginar el poder que recibes cuando tienes al Creador del Universo como socio tuyo en la creación de riqueza?

Haz al Creador socio en tus planes; asegúrate que tus deseos de riqueza tengan un propósito universal.

Tener al Creador como socio en nuestro propósito de crear riqueza, es elevarnos a la *potencia* infinita; nuestros talentos, recursos, oportunidades y poder se multiplican infinitamente. De nuevo te pregunto ¿Qué causa buena y justa apoyarás con el dinero que hagas?

Este es un gran secreto para la creación de riqueza; yo lo he probado en mi vida personal; de todas mis ganancias yo entrego a la Iglesia a la que pertenezco el diez por ciento; la iglesia lo utiliza para adelantar la obra de Dios y bendecir la vida de los necesitados. He servido como mentor para jóvenes pobres que necesitan ayuda financiera para continuar sus estudios y una guía para hacer sus vidas más gloriosas. Frecuentemente, busco oportunidades de hacer el bien, de ayudar a alguna persona que en realidad necesita la ayuda. En la medida que voy creando más riqueza, mis oportunidades y compromisos de ayuda también crecen.

De nuevo te pregunto ¿Qué causa buena y justa apoyarás con el dinero que hagas? Estoy seguro que ha de haber alguna experiencia que hayas tenido, y que te permitirá tener sensibilidad por alguna causa en particular.

Tengo un amigo millonario, que dedica una buena parte de su riqueza y tiempo a mejorar la atención dental para los pobres en Honduras. Otro amigo, también millonario, se dedica a ayudar a jóvenes que no tienen los recursos financieros, para continuar sus estudios; otro amigo, usa su dinero y tiempo para ayudar a familias muy pobres que no tienen vivienda y viven en condiciones muy precarias; otro amigo, apoya con su dinero programas para aliviar la pobreza en Perú; otro grupo de amigos, utilizan sus fondos y su tiempo libre para desarrollar programas de alivio de la pobreza en Honduras, Nicaragua y El Salvador.

> # El dinero no trae la generosidad;
> ## La generosidad atrae más dinero.

No tienes que esperar a ser millonario, para dar de lo tuyo a los menos afortunados; de hecho ninguno de estos amigos empezó a ser generoso hasta que tenía dinero suficiente y en abundancia; su generosidad no vino con el dinero; este sólo fue un medio para expandir sus oportunidades de ayudar más.

Empieza tú con pequeñitos proyectos de ayuda; haz lo que puedas con lo que tienes; en la medida que lo hagas, verás como el dinero comienza a llegar a tus bolsillo en cantidades cada vez mas grandes, entonces agranda tus proyectos de ayuda en la misma medida. Mira a tu alrededor; hay miles de oportunidades de ayudar; miles de causas buenas en las que puedes invertir un poco de tu tiempo libre y del dinero con el que eres bendecido.

Haciendo esto le das a tu propósito personal de creación de riqueza, un carácter de Integridad Universal.

5-Gratitud anticipada

La gratitud anticipada, es una forma poderosa de producir fe y de expresar confianza en Dios y en la veracidad del conocimiento adquirido.

La gratitud anticipada, consiste en expresar y mostrar

nuestro agradecimiento antes de recibir la bendición o beneficio que buscamos.

Hay dos maneras de mostrar o expresar nuestra gratitud anticipada:

a) Expresarlo con palabras: lo hacemos de esta manera cuando hablamos con la vida, la naturaleza o la Inteligencia Infinita diciéndole "Gracias por darme la riqueza ilimitada que deseaba.", "Mil gracias por toda la riqueza que viene hacia mí."

b) Expresarlo con nuestras obras: siempre hay personas menos afortunadas que uno. Cuando damos de nuestra sustancia a otros, reconocemos la abundancia que hay en el mundo, y esa ayuda que damos, se convierte en una ofrenda de gratitud ante Dios.

Yo creo en la practica de la oración y la adoración a un Ser Creador y Bondadoso. Cuando busco su ayuda para alcanzar una bendición no le pido lo que deseo sino que le agradezco porque me ha dado lo que deseo aún cuando no ha llegado el tiempo de cumplimiento. Es un poco extraño, pero eso es exactamente lo que hago, y por hacerlo de esa manera le muestro a Dios que yo confío en su poder y que el me dará lo que deseo, que solo es cuestión de tiempo para que se materialice.

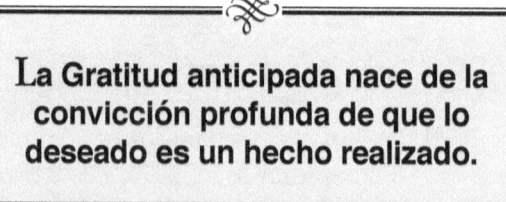

La Gratitud anticipada nace de la convicción profunda de que lo deseado es un hecho realizado.

En los días más difíciles de la enfermedad le decía a Dios en mis oraciones: "Gracias Padre por haberme sanado; yo se que tu tienes el poder para sanar y que así has obrado conmigo. Te doy gracias por ello. Padre, yo se que soy sano por tu poder; que muy pronto veré con mis ojos de la carne, lo que he visto con mis ojos de la fe. Yo se que solo es cuestión de tiempo; gracias Padre por sanarme."

Cuando hablaba con amigos y familiares que me visitaban y me preguntaban como estaba; yo siempre les dije: "Ya estoy sano; Dios me sanó con su poder. Solo es cuestión de que el tiempo pase para que se manifieste; pero ya estoy sano."

Expresa y muestra anticipadamente tu gratitud y veras la riqueza multiplicarse ante tus ojos.

Capítulo 7

ASÍ FUNCIONA EL DINERO PROCESO DE PRODUCCIÓN DE DINERO Y RIQUEZA ILIMITADA

> *"El hombre nace libre,*
> *y en todas partes halla cadenas."*
> *Rousseau*

Hay muchas cadenas y grilletes que esclavizan al hombre, ninguna más cruel que el vicio y la pobreza. En el siguiente capítulo nos ocuparemos del antídoto contra el veneno del vicio; en este estudiaremos cómo funciona el dinero, esa escurridiza diosa de la fortuna, que se esconde de los que no la entienden y que por otro lado, se deleita en acompañar a quienes la comprenden.

El propósito de este capitulo es entender cómo funciona el dinero, cómo se produce y cómo se multiplica; para que la diosa de la fortuna insista en acompañarte.

¿Libertad financiera?

Has logrado la libertad financiera cuando tus ingresos pasivos superan tus gastos.

Expliquemos un poco esa definición de libertad financiera. Te haré una pregunta. ¿Podrías sostener el estilo de vida de tu familia o el tuyo sin necesidad de trabajar? Si la respuesta es no; entonces todavía no has alcanzado la libertad financiera. Así que expresado en palabras sencillas, libertad financiera es la capacidad de sostener el estilo de vida de tu familia y el tuyo, sin necesidad de trabajar.

Existen dos grandes maneras de hacer dinero: una, trabajando; y dos, sin trabajar. Cuando puedes sostener tu estilo de vida y el de tu familia sin trabajar, eres libre financieramente hablando.

A la forma de ingreso que se genera sin necesidad de trabajar se le conoce como *ingreso pasivo*. La manera de lograrlo es poniendo tu dinero a trabajar para darte el dinero que necesitas para cubrir todos tus gastos sin cambiar tu estilo de vida.

Al ingreso que generas trabajando lo llamamos *ingreso activo* porque requiere que trabajes o te mantengas en actividad productiva para generarlo.

Si para poder cubrir todos los gastos, del estilo de vida de tu familia y el tuyo, tienes que ir a trabajar para otro, o en tu propio negocio, todavía no eres libre financieramente hablando.

> **Logras libertad financiera cuando ya no tienes necesidad de trabajar para sostener tu estilo de vida.**

Por otra parte, si para cubrir los gastos del estilo de vida de tu familia y el tuyo no tienes necesidad de ir a trabajar, entonces tienes libertad financiera. Para lograr esto, tienes que generar ingreso pasivo, es decir dinero generando tu dinero; tú dinero trabajando en lugar de tú trabajando.

¿Cuan rico eres?

¿Qué tan Rico eres? La riqueza no se mide en la cantidad de bienes y dinero que tenemos, se mide en función del tiempo. Cuenta los días, meses o años que puedes vivir, sin cambiar tu estilo de vida y el de los familiares que sostienes, y sin tener que trabajar; esa es la medida de tu riqueza.

Lo que tú vendes cuando trabajas, a cambio del dinero que recibes, es tu tiempo. El tiempo, es el elemento del cual está hecha la vida. Así que lo que vendes, cuando trabajas a cambio de dinero, es tu vida. ¿Lo habías contemplado antes de esa manera?

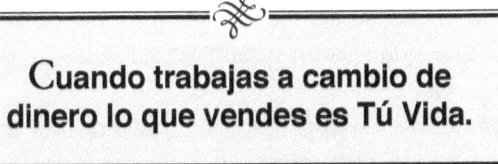

Cuando trabajas a cambio de dinero lo que vendes es Tú Vida.

Digámoslo de nuevo: *Lo que tú vendes cuando trabajas, a cambio del dinero que recibes, es tu tiempo. El tiempo es el elemento del cual está hecha la vida. Así que **lo que vendes, cuando trabajas a cambio de dinero, es TU VIDA.***

¿No es eso, hasta cierta manera repugnante y cruel? que cuando trabajamos por dinero, lo que estamos haciendo es vendiendo nuestra vida. ¡Claro que lo es!

Esta es una buena razón para que ejerzas tu poder para crear riqueza ilimitada; para que no tengas necesidad de venderle minutos, horas, días o años de tu vida, a otro a cambio de dinero.

El monto de la riqueza se mide en función de cuanto tiempo puedes sostener tu estilo de vida y el de tu familia sin necesidad de trabajar.

Pregunto de nuevo: ¿Qué tan Rico eres? *Cuenta los días, meses o años que puedes vivir, sin cambiar tu estilo de vida, y sin tener que trabajar. Esa es la medida de tu riqueza.*

Bueno, esto es asunto del pasado; sin importar que tan malo fuera tu resultado; eso es asunto del pasado. Tu mente ya sabe perfectamente bien como crear riqueza ilimitada. Sabes que puedes; el cómo vendrá del conocimiento y sabiduría que guardas en tu subconsciente.

No pretendo en este capitulo volverte un experto en negocios o finanzas; quiero que comprendas los principios y conceptos fundamentales acerca del dinero; si los entiendes y los aplicas, te facultarán con más poder para crear riqueza ilimitada. El conocimiento es una forma de poder; si quieres hacer dinero en abundancia tienes que conocer el dinero y cómo funciona. De esto trata este capitulo.

¿Cómo se hace el dinero?

Hay un camino ancho y espacioso para "hacer" dinero de manera ilegal o deshonesta. Más que "hacerlo", en realidad se está cometiendo un robo y un delito. Nada de este libro, como habrás visto, trata de esa manera sucia de obtener riqueza. Solo hay una manera correcta de hacer dinero, y esa es sin perder la integridad.

Niveles de generación de ingreso

¿Cómo generas el dinero?, ¿De dónde viene tu efectivo? Básicamente hay cuatro maneras de generar efectivo: como empleado, como Técnico-empresario, dueño de Sistema-negocio y como inversionista.

1-Como empleado

Generas tu efectivo como empleado si trabajas para otra persona a cambio de un ingreso. Ese ingreso puede ser en forma de salario regular, comisión, por obra o una combinación de ellas. Como empleado, tú no eres dueño de la empresa en la que trabajas. Esta es la manera más común mediante la cual la gente hace su efectivo.

La gran mayoría de las personas prefiere esta manera de generar sus ingresos, porque sienten seguridad. Se sienten seguros al saber que al fin de la semana, la quincena o el mes el cheque vendrá.

Esta manera de ganarse el dinero o generar ingreso es muy popular porque es la manera para la que nos educan en las instituciones educativas. Nos forman para ser empleados. Las instituciones educativas son las fábricas de empleados.

Otra razón por lo que generar el efectivo como empleado es tan popular es porque la mayoría de la gente cree que no son capaces o no tienen el talento de ser emprendedores; de generar ingresos como empresarios.

El tamaño de tu salario es proporcional al tamaño de los problemas que puedes resolver en la empresa que trabajas.

Si los problemas que resuelves son pequeños, pequeño será tu cheque; si los problemas que resuelves son grandes, grande será tu cheque.

Por supuesto que no hay nada de malo en ser empleado, es más, son muy necesarios. La cantidad de dinero que puedas generar como empleado depende mucho de qué tanto se valora el conocimiento y experiencia que aportas a la empresa. No de cuanto crees tú que vale tu conocimiento y experiencia, sino de lo que piensa tu jefe; puesto que él decide tu salario.

¿Cómo aprendes a resolver problemas? Adquiriendo conocimiento y experiencia. Si tienes conocimiento y experiencia al nivel de experto en la solución de problemas grandes, igual de grande será tu salario.

Como empleado, la capacidad para generar ingreso, no se trata de quién trabaja más tiempo o más fuerte; sino de quien resuelve los problemas más grandes para tu jefe.

Para alguien que quiere ser empleado o generar su efectivo como empleado la educación formal es muy importante. Hay varios criterios para decidir cuanto ofrecerle o pagarle a un empleado cuando es contratado. Cada empresa tiene sus propios criterios. Algunos criterios que se toman en cuenta son:

-*Nivel de educación formal*: no se paga lo mismo a un egresado de secundaria que a uno con titulo a nivel Universitario. No se paga lo mismo a quien tiene una licenciatura como al que posee un doctorado.

-*Experiencia*: si tu has desempeñado puestos similares anteriormente lo pone en una mejor posición.

-*Prestigio de La Institución Educativa*: egresar de cierta universidad reconocida como las mejores en esa área de estudio

-*La oferta y la demanda*: si hay pocos candidatos al

puesto porque esa profesión está en demanda fuerte en el mercado laboral.

-*Valor agregado*: cuando el candidato ha desarrollado otras habilidades o capacidades que le agregan valor a su formación.

Por ejemplo: hablar otros idiomas, relación con personas o empresas que son de interés para el contratante, características claras de liderazgo, etc.

El desafío más grande de producir el dinero como empleado, sucede cuando después de trabajar muchos años en una empresa se pierde el trabajo por cualquier razón; a veces resulta difícil encontrar un trabajo nuevo y si no se tienen ahorros para sostener el estilo de vida la situación financiera de la familia se vuelve muy estresante.

Una persona puede llegar a lograr la libertad financiera aunque haya dedicado toda su vida a a trabajar como empleado. Algunos llegan a ser verdaderamente ricos.

Para lograr la libertad financiera dependiendo exclusivamente del salario como empleado, normalmente las personas tienen que haber logrado un buen nivel de educación y hacer una carrera profesional bastante larga en la misma empresa. Más adelante en este capitulo daré un proceso sencillo que al implementarlo le garantiza el logro de la libertad financiera, sin importar como generes tu dinero.

Para algunos dejar de ser empleados sería la peor pesadilla; se sienten cómodos y seguros generando su dinero de esa manera. No hay nada de malo en pensar así; todos somos diferentes y esa diversidad es lo bueno de la vida; si a todos los hombres de la ciudad les gustará la misma mujer que a mi me gusta, tendríamos serios problemas porque ella es ahora mi esposa.

Como empleado también podemos llegar a ser ricos y lograr la libertad financiera. Si decide quedarse generando su dinero como empleado, asegúrese de llegar a ser un empleado clave para la empresa. Esto requerirá de usted una mejora continua en la obtención de conocimiento; habilidad para relacionarse bien con sus superiores y una larga carrera en la misma empresa.

Yo conocí a un hombre que siendo un joven empezó a trabajar como mensajero en una oficina bancaria; mientras trabajaba de día, estudiaba de noche; poco a poco fue progresando ocupando otras posiciones en el banco en la medida que hacía bien su trabajo, obtenía más educación, ganaba experiencia y pasaban los años; cuando yo lo conocí ya no era un joven; era un hombre maduro con la oficina más amplia en El Centro financiero principal del banco, él era el Gerente General a nivel nacional de esa institución bancaria. El podía retirarse del trabajo, si así lo deseaba, tenía suficiente riqueza para hacerlo, pero disfrutaba su trabajo.

2-Como técnico-empresario

Otros nombres con el que es conocido el Técnico-empresario son Auto-empleado y Micro-empresario. Los Técnico-empresarios son dueños de una empresa que no ha alcanzado su nivel adecuado de madurez; empresas que dependen mucho de su presencia y trabajo personal; que pueden tener o no más empleados aparte del dueño mismo.

A mí, particularmente me gusta el término Técnico-empresario porque la mayoría de las personas que generan su ingreso de esta manera caen dentro de una o más de estas características:

-Son personas que dominan muy bien lo que saben hacer. Habilidad que han adquirido ya sea por el estudio o larga experiencia. Ejemplo de esta categoría pueden ser el Arquitecto que pone su propia oficina de servicios de arquitectura.; el Contador que pone su oficina de servicios contables; la experta en arreglos florares que pone su propia floristería.

-Personas que no dominan el área pero que están cansadas de trabajar para otros y deciden poner su propio negocio y buscan una persona experta o técnica que conozca el área a la que se quiere dedicar.

-Personas que han perdido su empleo y no logran encontrar otro y que deciden incursionar en el mundo de los negocios.

-Personas que no pueden trabajar fuera de casa, por cualquier razón, y deciden operar un negocio desde su propia casa.

Las personas que entran al mundo de Técnico-empresario normalmente no han tenido experiencia o preparación en la administración de negocios; tienen mucho entusiasmo y a veces creen que ser dueño de su propia empresa les dará más tiempo libre y los librará de la molestia de un jefe.

Si queremos entrar al mundo de Técnico-empresario es importante prepararse de antemano para lo siguiente:

-Como Técnico-empresario te librarás de tu jefe pero tendrás que satisfacer muchos clientes que pasan a ser tus nuevos jefes. Por supuesto que si los atiendes bien y satisfaces sus necesidades te verás bien recompensado.

-El Técnico-empresario normalmente no tiene hora de entrada ni hora de salida; tiene que prestar el servicio o entregar el producto tal como lo prometió y en el tiempo prometido. Claro que uno se siente mejor trabajando tiempo extra en su propio negocio que para el de otro.

-Ser dueño de tu propia empresa requerirá de ti más habilidades que solo las técnicas (experta en servicio o producto); te exigirá habilidades administrativas, financieras, manejo de personal, mercadeo. Antes de emprender tu propio negocio adquiere el conocimiento básico en estas áreas de la administración.

Como Técnico-empresario tu puedes llegar a crear una fortuna inmensa aplicando los principios para la creación de riqueza que ya hemos estudiado y poniendo en práctica el proceso que describiré más adelante en este capitulo.

Un paso muy importante que tu deberás dar es madurar o desarrollar tu empresa del nivel de Técnico-empresario a Sistema-negocio. Las oportunidades de generar ingreso que te ofrece el Sistema-negocio son muchos más grandes que la de Técnico-empresario. Te recomiendo que leas el libro "The E Myth" por Michael E. Gerber para aprender sobre como crear un negocio basado en un sistema.

3-dueño de sistema-negocio

La gran diferencia entre una empresa en el nivel de Técnico-empresario y Sistema-negocio consiste en que en el nivel Técnico-empresario, el dueño es el sistema que hace funcionar la empresa; en cambio, en el Sistema-negocio existe un Sistema que funciona independientemente del dueño del negocio.

En el nivel Técnico-empresario si el dueño deja de trabajar, el negocio se detiene; si el dueño se va de vacaciones el negocio también. En el Sistema-negocio la presencia del dueño no es esencial y su ausencia no importa. El negocio sigue trabajando, funcionando bien, creciendo sin o con el dueño. Los Sistema-negocios son empresas del tipo franquicia como Mc Donalds, Wendys, Pizza Hut, Pollo Campero, etc. No quiere decir que tienes que comprar una franquicia para tener un Sistema-negocio; tu puedes desarrollar un empresa para alcanzar el nivel en que opera con un Sistema; claro que requiere tiempo y conocimiento, que no necesariamente tiene que venir de ti.

Cuando tienes operando un Sistema-negocio puedes ausentarte del negocio y este seguirá funcionando bien aún sin tu presencia. La otra ventaja de desarrollar o hacer madurar una empresa del nivel Técnico-empresa al de Sistema-negocio es que puedes tomar ese sistema de negocio y duplicarlo tantas veces quieras en distintos lugares con el mismo éxito del primero.

———

4-Como inversionista

El nivel de Inversionista, es el nivel superior para la generación de ingresos. En este nivel tú pones tu dinero dentro de un Sistema-negocio, para generar ingresos para ti. Como inversionista tú puedes ser el único dueño del Sistema o Negocio o uno de los socios. Como inversionista, normalmente, no te ocuparás del negocio en lo absoluto; habrá otras personas que se harán cargo de todos los aspectos del negocio.

Por supuesto que este nivel de generación de ingresos requiere que tengas conocimiento a tu disposición de dónde invertir tú dinero para hacer una decisión inteligente. Este conocimiento puede que ya lo has ganado tu mismo o lo compras a personas que lo poseen.

En el nivel de inversionista requerirá de ti una suma de dinero proporcional a la clase y tamaño de negocio en el que quieres invertir y al porcentaje de propiedad que quieres poseer. Como inversionista tus pones el dinero a trabajar para darte más dinero.

Proceso de Produccíon de
DINERO Y RIQUEZA ILIMITADA

Te daré ahora un proceso sencillo que, si lo sigues, te garantizo llegarás a tener dinero en abundancia, riqueza ilimitada para satisfacer todas tus necesidades y las de tu familia; podrás hacer todo lo que has querido hacer siempre para tu refinamiento, y además tendrás para dedicar parte de tus bienes y tiempo a una causa justa; tu causa, tu misión.

Existe un proceso para la producción de dinero y riqueza ilimitada.

Si lo sigues fielmente es imposible seguir siendo pobre.

Me gusta mucho el significado de la palabra *proceso*; especialmente aplicado al proceso de producción. Un *proceso de producción* es el conjunto de actividades que se llevan a cabo para elaborar un producto o prestar un servicio. Lo que falta de este capitulo lo dedicaré a explicarte un **proceso de producción de dinero** para llegar a Ser Rico. Es un *proceso sencillo* que si lo sigues fielmente te conducirá inevitablemente a la *producción de dinero y riqueza ilimitada*. Los ricos son ricos porque han seguido, por accidente o a voluntad, este proceso para la producción de dinero y riqueza ilimitada.

Una de las empresas que comencé y establecí fue una fábrica para la producción en masa de pequeños muebles de madera caoba para organizar los utensilios de cocina. Producíamos miles de ellos cada mes y los exportábamos a Estados Unidos de América para ser vendidos por William-Sonoma, Bed Bath & Beyond y The Container Store. El proceso de producción para fabricar esos miles de muebles es muy interesante. Comenzábamos con el tronco del árbol en rollo hasta terminar con un pequeño producto en su empaque final para ser vendido al detalle; ese tronco de madera sufría un proceso de 32 pasos para convertirse en cientos de organizadores de gavetas. Inevitablemente, todo tronco de madera que entraba en la línea de producción y pasaba por ese proceso, terminaba convertido en cientos de organizadores.

Te explicaré el **Proceso de producción de Dinero y Riqueza Ilimitada.** Haz pasar, lo que ahora tienes, por este proceso y te llevará inevitablemente a la producción de millones de dólares.

Proceso de producción de Dinero y Riqueza Ilimitada.

PASO 1

Ejercita el Poder Creador de Riqueza Ilimitada.

La mayor parte de este libro lo dediqué a presentar y explicar en detalle el Paso Número Uno del Proceso de Producción de Dinero y Riqueza Ilimitada. Me refiero a todo lo que se ha explicado sobre el poder de la fe, el poder de la mente, el poder del pensamiento, el poder de la materia inteligente, el poder del subconsciente.

Todo lo que existe en el universo responde y obedece al mandato de la fe. ¿Por qué obedece la materia ante el poder creador de la fe? Primero, porque toda forma de materia que llena el Universo Organizado, está provista de inteligencia y por lo tanto tiene capacidad para obedecer; segundo, porque la fe está instituida como el principio de poder en todos los seres inteligentes y racionales. Todo lo que tenemos o hemos recibido, sea un logro material o una bendición espiritual, lo hemos obtenido por razón de nuestra fe.

Todo lo que hoy observamos en el mundo tangible es producto de la fe. Nuestras circunstancias actuales, el nivel de vida que vivimos, los bienes que tenemos; todo es una manifestación de nuestra fe.

Los pensamientos, imágenes, ideas y sentimientos, que dominan nuestra mente, ejercen poder y mandato sobre la materia inteligente, comunicándole la forma conforme a la cual deben organizarse y moldearse. Así es como llevamos a cabo la *primera creación* o *creación espiritual,* que sirve de base para que la creación tangible se manifieste.

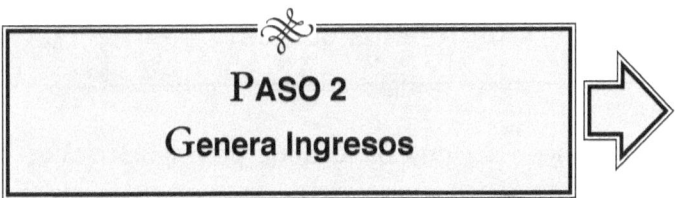

PASO 2
Genera Ingresos

Hemos examinado las cuatro posiciones o niveles desde las cuales podemos producir ingreso: Empleado, Técnico-empresario, Sistema-negocio e Inversionista. No importa desde que nivel tu produces el dinero, igual puedes llegar a ser muy rico. Normalmente, a medida que creas más riqueza, te iras moviendo del nivel Empleado o el Técnico-empresario al nivel Sistema-negocio y luego al de Inversionista; es decir, el porcentaje de generación de ingresos se irá moviendo a los niveles superiores; un porcentaje más alto de tus ingresos, vendrá de los niveles superiores de generación de ingreso.

Por ahora, ¿cuánto de tu ingreso es generado en cada nivel?, normalmente las personas empezamos a generar ingreso como Empleado o Técnico-Empresario; luego empezamos a movernos más en los niveles de Sistema-negocio e Inversionista.

Sin duda este es el camino que tú seguirás, no te preocupes si por ahora todo tu ingreso es generado como

Empleado o Técnico-empresa. Por seguir este *Proceso de Producción de Dinero y Riqueza Ilimitada* tú llegarás inevitablemente a producir más dinero en los niveles Sistema-negocio e Inversionista.

PASO 3
Controla tus gastos

Esta puede ser una parte dura, pero igual está en tu mente. Si no tienes control de tus gastos y estás gastando todo el dinero que generas, o incluso gastando más de lo que ganas, haciendo uso de alguna forma de crédito es porque en tu mente no pones los pensamientos e imágenes correctas. Si en tu mente mantienes pensamientos e imágenes de la riqueza que quieres crear, controlar tus gastos no será un problema. Llegar a ser rico es una decisión personal.

No puedes llegar a ser rico si eres un comprador compulsivo, una mente fuera de control, dominado por pensamientos e imágenes de bienes que no crean riqueza. Usa tu dinero para satisfacer tus necesidades *básicas* y que te sobre algo de dinero; que haya un *excedente*.

No hay manera de llegar a ser rico si no controlas tu mente, tu manera de pensar, lo que quieres; si gastas todo o más de lo que ganas. No pienses tanto en satisfacer solo tu deseo inmediato; piensa en tu deseo mayor de llegar a poseer riqueza ilimitada.

Recuerda que cuando tú trabajas para otro a cambio de dinero, lo que estas vendiendo es tu tiempo; sí, ese preciado elemento del cual la vida esta hecha. Tú estás vendiendo tu vida.

Piénsalo de esta manera, cada objeto o servicio que compras lo estás adquiriendo a costo de más vida -tiempo- que tienes que venderle a la empresa donde trabajas. No te estoy sugiriendo que no compres, eso es absolutamente imposible; lo que te pido es que pienses más cuando decidas comprar algo, ¿vale ese objeto o servicio las horas de vida que tendrás que vender para reponer ese dinero que pagas por ello? Esta es la pregunta que yo me hacía cada vez que visitaba Wal-Mart y comenzaba a recorrer los pasillos y ver los productos. Por supuesto que esta estrategia no me hacía un buen cliente para Wal-Mart. En ese tiempo tenía un trabajo que no disfrutaba, trabajaba como obrero en una fabrica de alimentos, ganaba apenas nueve dólares la hora, lo hacía por necesidad, pero no lo disfrutaba; así que era fácil asociar el objeto que deseaba en el momento con la experiencia desagradable del trabajo.

Por otro lado, tenía mi visión bien clara: llegar a ser rico. Así que llegó a ser automático para mi mente preguntarse, ¿vale este objeto o servicio las horas de vida que tendré que vender, para reponer el dinero que pagaré por él?

Inmediatamente mi mente comenzaba a hacer un cálculo ligero: "esto vale 36 dólares; ¿estas dispuesto a vender cuatro horas de vida por esto?" Esta sabia estrategia me mantuvo alejado de ser un comprador compulsivo y de salir, progresivamente, de esa clase de vida que no deseaba para mí, ni para mi familia. Los pensamientos dominantes de mi mente de riqueza ilimitada me sacaron de esa situación esclavizante.

No voy a darte una lista de recomendaciones de cómo controlar tus gastos; hay otros que ya lo han hecho. Para mi la clave está en la mente. Las ideas y pensamientos que ponemos en nuestra mente nos dan los resultados congruentes con esas ideas y pensamientos. A mi me funcionó muy bien la pregunta: ¿vale este objeto o servicio las horas de vida que tendré que vender, para reponer el dinero que pagaré por el?

Controla tus gastos; no gastes todo lo que ganas; no cambies tu vida por objetos que más tarde tirarás a la basura. Usa tu dinero para satisfacer tus necesidades básicas, tus verdaderas necesidades; aprende a distinguir entre lo que deseas y lo que necesitas. Si no controlas tus gastos nunca llegarás a ser rico.

No hay manera de llegar a Ser Rico si no creas un excedente de dinero. El excedente es esa porción del dinero que generas y que no gastas. El propósito de controlar los gastos, en no gastar todo lo que ganas para crear un sobrante o excedente de dinero. No hay manera de llegar a ser rico sin crear este excedente o sobrante de dinero. Se controlan los gastos cuando tenemos control de los pensamientos e imágenes dominantes de nuestra mente. Por concentrar tu mente en la riqueza ilimitada que quieres y necesitas adquirirás el poder para rechazar los objetos y servicios que te roban tu riqueza.

Controlar tus gastos se convierte en una prueba o evidencia de que tu mente está enfocada en crear riqueza ilimitada no en comprar objetos para satisfacer deseos del momento. Tú puedes controlar tus gastos. Trabaja tu mente practicando la autosugestión conciente. Visualízate visitando la tienda que más

te gusta visitar y comprando solo lo que realmente necesitas; si es que hay algo allí que verdaderamente necesitas.

> **El dinero excedente o sobrante, que has creado por controlar tus gastos y no gastar todo lo que ganas, es la palanca que utilizarás para crear riqueza.**

Si tu quieres mover un objeto muy pesado como una piedra muy grande, la manera más fácil de moverla es buscando otra piedra, un poco más pequeña que la que deseas mover, colocarla al lado y cerca de la piedra grande, y utilizarla como punto de apoyo de una palanca. Apoyando la palanca sobre la piedra mediana y la punta de la palanca en una orilla de la piedra que deseas mover; tu estás preparado para ejercer una fuerza muy superior y mover la piedra grande.

Si la piedra grande es la riqueza ilimitada que tu quieres crear; la piedra mediana es el poder de tu mente, y el excedente es la palanca. ¿Comprendes la importancia de controlar tus gastos?; sin controlar tus gastos no hay excedente y sin excedente es imposible crear riqueza ilimitada.

Procura crear el excedente mayor que te sea posible cada mes. Si puedes crear, como mínimo, un excedente de un diez por ciento de tu ingreso mensual sería un excelente comienzo. Si no es posible, no te preocupes; elije un porcentaje menor y hazlo. Si puedes más del diez por ciento, ¡fabuloso!

Analiza tus compromisos financieros -gastos obligatorios- y compáralos con tus ingresos; decide de antemano que porcentaje puedes dejar como excedente y hazlo. En la medida que sea posible incrementa tu porcentaje de excedente. Sin excedente no hay creación de riqueza ilimitada.

PASO 4
Usa correctamente el Excedente

¿Qué harás con ese excedente que estas creando? No; no es para comprar objetos que terminan en la basura. Sin importar cuantos años han pasado desde que tu deseas ese objeto; ese dinerito; Don excedente, no es para comprar objetos que no generan ingresos. Es para usarlo correctamente. Cualquier cosa que puedas comprar y que no te proveerá ingresos es un gasto; y Don Excedente no es para comprar gastos. ¿Un nuevo televisor pantalla gigante? No. ¿Un nuevo carro que reemplace ese viejito que ahora tienes? No. ¿Esas vacaciones que tanto has soñado? No.

Recuerda que quieres crear riqueza ilimitada y necesitas usar correctamente el excedente y comprar gastos no es la manera. Tú estás comprando un gasto cada vez que compras un objeto o servicio que no te generará ingresos. Si ese objeto que compras no pondrá dinero en tu bolsa o en tu cuenta de banco, entonces ese objeto que estas comprando es una gasto y Don excedente se niega rotundamente a ser utilizado de una manera tan vacía o artificial; Don excedente tiene la misión suprema de crear riqueza ilimitada para ti.

Solo hay dos maneras válidas de usar el excedente: *primera*, usarás un porcentaje del excedente para pagar aquellas deudas que te están matando con el interés más alto. Las deudas se pagan; se honran; representan la riqueza de otra persona como tu ha tomado la decisión de crear riqueza ilimitada y que probablemente ya lo logró o esta acercándose. *Segunda*, la otra parte del excedente la utilizarás para iniciar el ahorro. Solo esas dos maneras de usar el excedente son válidas: para *pagar deudas* y para *ahorro*.

Procura no usar todo tu excedente para pagar deudas; págate a ti mismo, deja algo para ahorro. El dinero que ahorras es la única suma de dinero que te pagas a ti mismo. No seas desconsiderado contigo mismo, págate cada mes; un diez por ciento al menos, si es posible; si no puedes un diez por ciento págate menos, pero págate algo. Si el excedente es sagrado; el excedente que pones como ahorro es más sagrado aún.

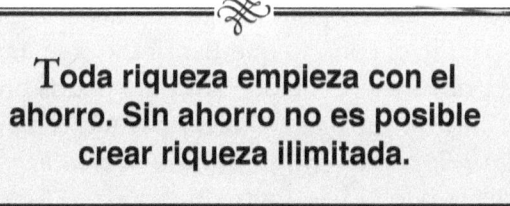

Toda riqueza empieza con el ahorro. Sin ahorro no es posible crear riqueza ilimitada.

Han transcurrido unos cuantos meses y allí tienes guardada una cantidad de dinero producto de la suma de los excedentes de cada mes. No ha sido fácil, pero ha sido muy recompensador ver esa cantidad de dinero juntita. Quizá han pasado varios meses o años desde la última vez que viste una cantidad tal de dinero guardada y que es tuya. Te felicito; haz aprendido a controlar tus gastos o mejor dicho a controlar los pensamientos dominantes de tu mente.

¿Qué hacer ahora con ese dinero ahorrado? Talvez sea una cantidad pequeña todavía; está bien, todo viaje largo comienza con el primer paso.

Algo interesante sucederá ahora que comienzas a ver como crecen tus ahorros: el dinero atrae dinero y también a la gente que quiere tu dinero. Amigos, familiares y extraños se te acercarán para pedirte tu dinero; aunque no les hayas dicho que lo tienes, ellos llegarán; se te acercarán y te lo pedirán de distintas maneras: "préstamelo", "ayúdame", "invirtamos juntos", "cómprame esto", etc. Prepárate para ello y no te dejes engañar. No te ha sido fácil llegar hasta este punto.

Hay un libro que definitivamente te voy a recomendar que leas cuando termines este; y si ya los has leído, te pido que lo leas de nuevo; ese libro es "El Hombre más Rico de Babilonia", escrito por George S. Clason. De este libro tomaré, para ti, el consejo que Bansir dio a su amigo kobi: "Si tuviera dos shekeles -moneda-…, no podría prestárselos a nadie, ni a ti, mi mejor amigo, porque serían toda mi fortuna. *Nadie presta toda su fortuna ni a su mejor amigo.*" El excedente que tú has ahorrado es toda tu fortuna. Todo lo demás que has ganado o que ganarás no es tuyo; solo lo que ahorras es lo que te pagas a ti mismo.

Asegúrate de poner tus ahorros en un lugar donde no sea fácil gastarlos. Cuanto más difícil sea el acceso a ellos, mejor será. La tentación de gastarlos siempre tocará la puerta de tu mente; prepárate para rechazarla con afirmaciones de poder.

Tengo un amigo que ahorra su dinero comprando cobre, lo conserva en su casa, cuando el precio sube lo vende. Otro amigo pone sus ahorros en vacas; el tiene un terreno con suficiente pasto y agua; compra vacas preñadas; cuando el becerro o ternera nace lo conserva por un año y medio y luego lo vende. Otro amigo pone su dinero a plazo fijo en un certificado de depósito por un período de seis o doce meses. Encuentra un medio para poner tus ahorros y que no sea fácil de acceder a ellos y en donde se encuentren seguros. Si además de guardártelos, ese medio también te genera ganancia, todavía mucho mejor.

Ten cuidado de no dárselo a alguien con la promesa que lo invertirá y te dará tu dinero, más una buena ganancia en retorno. Si lo haces es porque haz considerado cuidadosamente la oferta y que además hay un acuerdo escrito entre tú y la persona. No importa si es un familiar o tu mejor amigo; en los negocios. los acuerdos se ponen por escrito. Te lo digo porque yo lo aprendí por el camino duro: perdiendo el dinero y el amigo. Te repito el consejo de que leas el libro "El hombre más rico de Babilonia", tiene enseñanzas muy importantes sobre el dinero.

PASO 5
Pon tus ahorros a trabajar.

Llegarás a un punto en el que tus ahorros serán significativos; tenerlos en el banco talvez sea seguro pero no rentable. El interés que el banco paga no compensa la inflación y la pérdida de valor adquisitivo de tu dinero.

Es tiempo de empezar a experimentar tu espíritu emprendedor. Busca algunas opciones de invertir parte de tus ahorros. Empieza en pequeño, de poco a poco; a medida que vayas ganando experiencia invierte más.

Si trabajas como empleado, busca una oportunidad de invertir tu dinero que no requiera tiempo del que dedicas a tu trabajo. Yo no puedo aconsejarte en qué invertir tus ahorros; seguramente ya tienes algunas ideas. Talvez en este punto requieras de la ayuda de un "socio" junto con el cual invertir tus ahorros o parte de ellos. Probablemente este socio ya está metido en un negocio; asegúrate que la persona a quien confiarás parte de tus ahorros sea confiable y capaz para el negocio en el que pondrás tus ahorros. Es mejor si ese socio ya está en el negocio y tiene experiencia. Recuerda que muchas veces para lograr lo que deseamos necesitamos potenciar nuestros recursos personales.

Recuerda que siempre resulta más fácil comprar y vender que producir y vender. Cuando el negocio consiste en comprar y vender, la clave no está a que precio vendes, sino a que precio compras. Si compras barato y vendes a precio normal, tendrás buena ganancia. Si compras caro, tendrás que vender caro y será difícil.

Conozco a un hombre que trabaja como contador en una compañía; a él le gustan mucho los carros y sabe bastante de ello; el usa sus ahorros para comprar carros que luego vende a un mejor precio. Otra señora que conozco compra ropa interior femenina de muy buena marca y la vende entre sus amigas. Conozco muchos que han entrado al negocio de mercadeo por red como distribuidores independientes y venden los productos a sus amigos y vecinos; además están creando su propia red, que más tarde les producirá un ingreso pasivo.

Sólo tú puedes decidir la mejor manera de invertir tus ahorros; es saludable pedir algunos consejos; pero al final tú decides lo que es lo mejor para tus ahorros.

Recuerda que poniendo en tu mente los pensamientos e imágenes correctos las oportunidades reales y buenas que necesitas llegarán. Créeme, muchas veces de la manera menos esperada, las oportunidades llegarán.

PASO 6
Compra activos.

Use tus ahorros para comprar activos, no pasivos. Un pasivo es cualquier cosa que compras y que te sacará dinero de tu bolsa. Un televisor, un carro, un mueble de sala son ejemplos de pasivos. Ninguno de ellos te producirá dinero. Los activos son cualquier cosa que compras y que te producirá dinero. Si compras un apartamento y la cuota mensual de hipoteca que pagas es de seiscientos dólares y lo rentas por setecientos cincuenta dólares.; entonces haz comprado un activo; algo que te dará dinero. Muchos piensan que un carro y otras cosas son activos; es lo que el banquero y el dueño de la tienda quiere que creamos; eso no es cierto; si tratas de vender ese objeto no lo venderás por el mismo precio que lo compraste; lo venderás por un precio mucho menor. Por otro lado, ese objeto no te proporciona ningún ingreso de dinero a tu bolsillo.

Es importante entender que la clave para determinar qué es un activo y qué es un pasivo, radica en la respuesta a esta pregunta: ¿Te proporcionará ese objeto un ingreso regular?, si la respuesta es "no", entonces es un pasivo. Te aconsejo que leas el libro "El Cuadrante del Flujo de Dinero" por Roberth Kiyosaki. Aprenderás mucho de este libro sobre cómo funciona el dinero y por qué los pobres son pobres, la clase media es clase media y por qué los ricos son ricos.

La compra de bienes raíces con edificios; ya sea apartamento, casa, o edificio comercial; es una buena manera de invertir tus ahorros. Busca por las gangas; por aquellas propiedades que te proporcionaran ingresos. Siempre hay gente con desafíos que quiere deshacerse de sus propiedades y hacerlo luego.

Otra excelente manera de invertir tus ahorros es empezar tu propia micro-empresa o negocio. Probablemente sea necesario que sigas como empleado a la vez que usas tu tiempo libre y el tiempo completo de un empleado tuyo para iniciar tu negocio. Llegará un momento en que tu negocio ha crecido, requiere más de tu tiempo, está marchando bien y con tu participación a tiempo completo crecería mucho más; quizás este sea el momento oportuno para dejar tu empleo y dedicarte a tu propio negocio.

Tres Tipos de negocio

Hay básicamente tres tipos de negocios en los que puedes entrar: *Mercadeo en Red*, en donde te vuelves parte de un sistema ya establecido (Herba Life, 4 Life son algunos ejemplos); *Franquicia*, cuando compras un sistema (Wendys, Little Ceasar); y *El Negocio de tu propia creación en donde tu desarrollas el sistema*.

De tal manera que si quieres invertir tus ahorros en un negocio propio; esas son las tres opciones: establece tu negocio y desarrolla el sistema o manera de operar del negocio; o compras una franquicia; o entras a formar parte de una red de mercadeo.

Invertir tu dinero en bienes raíces o para tener tu propio negocio es una buena manera de usar tus ahorros para ayudarte a crear un ingreso pasivo. La idea es que en el futuro cercano tus propiedades te estén proporcionando una renta y tus negocios la ganancia que produzcan suficiente efectivo para cubrir todos tus gastos y conservar tu estilo de vida.

De nuevo te recuerdo que por poner en tu mente los pensamientos correctos de abundancia las oportunidades para invertir tu dinero te llegarán casi de manera milagrosa e inesperada.

PASO 7
Protege tu riqueza.

Ahora que haz empezado a acumular riqueza y dinero, es conveniente protegerlo. Si tienes dinero invertido en bienes raíces asegúralos contra incendio, daños y desastres naturales. Haz lo mismo con tu negocio; adquiera un seguro contra incendio y daños.

No pongas tu dinero en manos inexpertas, sin importar que tan excelente parezca la oportunidad.

Haz todo trato por escrito y con todas las formalidades de la ley para que si ocurre un imprevisto puedas reclamar tu derecho.

Organiza tu equipo de asesores o ayudantes: banquero, contador, abogado, el experto en asuntos fiscales, etc. Todos ellos te serán útiles en algún momento.

Ahora que tienes dinero suficiente puedes disponer de más tiempo libre para hacer lo que te plazca; hazlo, pero no te descuides completamente de tu riqueza; mantén el ojo puesto sobre ella; revisa periódicamente como marchan tus inversiones; pide reportes y analízalos.

PASO 8
Comparte con Sabiduría.

Agréguale valor a tu riqueza usando una porción de ella para hacer el bien en una causa justa. El siguiente capítulo está dedicado a tu crecimiento espiritual y cómo reencontrar tu misión o propósito en la vida.

Estoy seguro que personas bien intencionadas o fundaciones se acercarán para invitarte a tí y tu dinero para ser parte de la causa justa que ellos impulsan. Aprende a decir "no" cuando sientas que no debes ayudar. Selecciona una causa con la cual te sientas identificado, únete a la organización y grupo de gente, apoya esa causa u organiza tu propia fundación. Tengo amigos que se han unido a organizaciones existentes y otros que prefirieron organizar su propia fundación. Ambas direcciones son buenas, es una decisión personal.

Yo prefiero las organizaciones que "enseñan a pescar" antes que las que las organizaciones que "regalan pescado". Creo mejor es ayudar a las personas a ayudarse a sí mismas; a veces es necesario "darle un pescado" a alguien para dar alivio en el momento de la emergencia; pero no es conveniente continuar haciéndolo una y otra vez porque se destruye el carácter de la persona y no se le ayuda a ser autosuficiente.

Sigue los ocho pasos del **_Proceso de Producción de Dinero y Riqueza Ilimitada_** y te aseguro que inevitablemente llegarás a Ser Rico abundantemente.

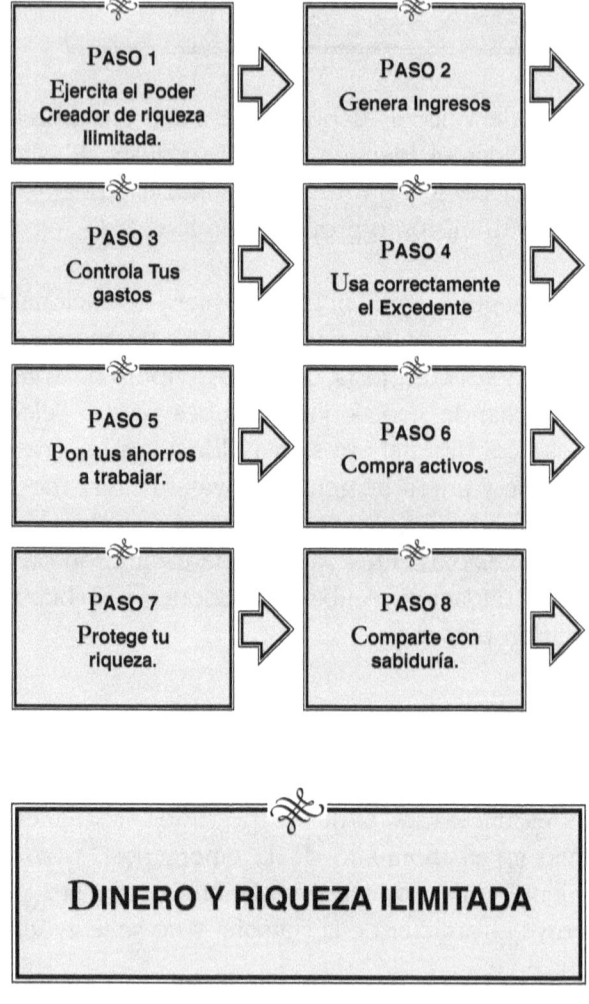

Capitulo 8

CRECIMIENTO ESPIRITUAL

> *"Si queremos sacar a la luz*
> *Lo mejor del potencial humano, tenemos*
> *antes que creer que existe y que está presente."*
> *Víctor E. Frankl*

Somos la creación suprema de Dios; de todas, la única creación hecha a su imagen y semejanza, con la semilla de la divinidad y con el potencial de llegar a ser como El. ¿Qué padre no desea para sus hijos una vida tan buena o mejor que la clase de vida que El vive? Si nosotros siendo imperfectos tenemos tal deseo para nuestros hijos, ¿Podemos, acaso, esperar algo menor del Padre de nuestros espíritus?

Fuimos creados con una capacidad de crecimiento y desarrollo ilimitada. Si usamos el poder que tenemos para crear riqueza material y una vida espiritual abundante, nuestro gozo será completo.

La espiritualidad, es decir, el perfeccionamiento del hombre, es un proceso de todos los días que se desarrolla con paciencia y constancia. Que el espíritu del hombre es perfectible, no hay ninguna duda; ya que él es esa parte divina de la Deidad que hay en nosotros.

Ya estás listo para ejercer poder para crear riqueza material ilimitada; no tengo ninguna duda de ello, en poco tiempo tendrás dinero en abundancia para satisfacer todas tus necesidades, las de tu familia y aún para ayudar a los menos afortunados. En este capítulo final te quiero ayudar a tener una visión clara del propósito de tu existencia y proveerte una valiosa guía para tu crecimiento espiritual.

Una guía para el crecimiento espiritual

Recuerda que todo lo que afecte negativamente tu inteligencia o mente que reside en tu espíritu, afectará tu desempeño en esta vida temporal. Con la guía de crecimiento espiritual que te mostraré podrás formar un escudo que te protegerá de las energías negativas e inferiores de otras personas y te darán poder para enfrentar con dignidad y pureza de carácter los desafíos resultantes de interrelacionarte con otras personas.

La Guía está basada en un poema escrito por la Madre Teresa de Calcuta quien dedicara toda su vida al servicio de los niños huérfanos, los enfermos, los pobres y los ancianos.

Estoy Seguro, que como la Madre Teresa, hay muchos hombres y mujeres inspirados que escribieron con sus hechos y palabras guías espirituales para la humanidad. Usaré el poema escrito por la Madre Teresa de Calcuta porque me parece una guía práctica y de aplicación Universal. Citaré un verso y en seguida escribiré mi comentario al respecto.

Poema: El Análisis Final

Perdona

A menudo los demás son irrazonables, ilógicos y egoístas; Perdónales de todos modos.

El rencor y el resentimiento envenenan el alma como el veneno de la serpiente envenena el cuerpo. Cuando una serpiente venenosa te muerde, no sales corriendo tras ella para vengarte y matarla Te apartas y buscas ayuda inmediatamente, para que te extraigan el veneno o te den al antídoto antes que pierdas la vida.

Seguramente, más de una vez en tu vida, has enfrentado el dolor que viene de recibir ofensas de personas irracionales y egoístas.

Perdónalos. El rencor y el resentimiento son ataduras para el espíritu. Libera tu mente y tu corazón de los grilletes de un alma mortificada por el resentimiento o el odio.

Sé Bondadoso

Si eres bondadoso, quizá los demás te acusen de tener motivos egoístas; Sé bondadoso de todos modos.

La bondad es la cualidad de dar generosamente y sin esperar algo a cambio. Hay quienes cuando miren tu bondad te acusarán de que lo haces para ser visto por los demás, o por un motivo egoísta y personal que ocultas. Se bondadoso. Sin importar lo que los demás digan, haz el bien a todos los que puedas; la vida te recompensará abundantemente.

Ten Éxito

Si tienes éxito, te ganarás algunos falsos amigos y algunos verdaderos amigos; Ten éxito de todos modos.

Pocas cosas en la vida tan valiosa y escasa como la amistad sincera. En la medida que comiences a crear riqueza y vayas acumulando dinero en abundancia, también iras ganando falsos amigos. Aquellos que se acercarán, no a ti, sino a tu dinero. En la vida siempre pasamos por el fuego purificador de los desafíos, tus amigos verdaderos permanecerán a tu lado; los falsos se escurrirán silenciosos para no ser vistos. Cuando te vean prosperar y hacerte rico, algunos con envidia te odiaran, otros se alegrarán.

Para algunos el éxito ajeno es un trago amargo que sin ser invitados se sienten obligados a beber.

Se Honrado y Franco

Si eres honrado y franco, los demás puede que te regañen; Sé honrado y franco de todos modos.

No hay mejor negocio que la honestidad. Aunque en el mundo cada vez se esparce más, como plaga, la regla de que tienes que aprovecharte de toda oportunidad sin importar si con ello comprometes tu integridad. Algunos te dirán que eres tonto por darle el derecho a quien corresponda y por no tomar para ti lo que no te pertenece.

Se franco en todo momentos con todos. Si algo te parece injusto o irracional, llama a la persona y en privado manifiéstale con franqueza, pero sin rudeza lo que sientes. Es mejor enfrentar los problemas temprano que postergarlos; la postergación solo los empeora y te quitan la paz mental que necesitas para concentrarte en lo que quieres. No permitas que te abusen, con dignidad, tacto y valor enfrenta a quienes se deleitan en hacer sentir mal a otros.

Edifica

Lo que tardas años en construir, alguien lo puede destruir de la noche a la mañana; Construye de todos modos.

No pienses que ya estas muy viejo, o que ya es muy tarde, que la estación viene y no te queda tiempo, que otro destruirá tu buena obra; construye lo que tengas que construir, cumple tu deber; haz bien lo que tienes que hacer sin importar si otros procuran destruir tu obra. Experimenta gozo en el proceso y no solamente en el resultado final. Dios no solo mira las obras, sino las intenciones del corazón.

Utiliza tus talentos, habilidades y tu riqueza para edificar un mundo más abundante para todos.

Sé Feliz

Si hallas la serenidad y la felicidad, puede que los demás sientan celos; Sé feliz de todos modos.

El logro ajeno es percibido como una bofetada por aquellos que, sin pagar el precio, quieren obtener lo que tus has logrado. Los celos tienen sus raíces en la envidia y la mediocridad. Tú alégrate en el logro de otros; participa junto con ellos de la felicidad y aprende de ellos lo bueno que tienen por enseñarte. Poner en práctica el poder para crear riqueza ilimitada y pulir tu carácter conforme a esta guía de valores te hará una de las personas más serenas y felices de la tierra. No te perturbes por el celo y la envidia que despertarás; sigue viviendo tu vida con serenidad y felicidad.

Haz el Bien

El bien que haces hoy, a menudo los demás lo olvidaran mañana;Haz el bien de todos modos.

Pocas experiencias son más tristes y dolorosas que a pesar del bien que haces a alguien te lo recompense con indiferencia o con un mal contra ti. A pesar de ello, no dejes de ayudar y hacer el bien cada vez que tú corazón o tú conciencia te llame a hacerlo. Haces el bien porque hay bondad en tu naturaleza, porque reconoces que todos somos hijos de Dios y porque la recompensa que buscas no es el aplauso o la gratitud de los hombres, sino como una manera de compensar todo lo que Dios y el universo ha hecho por ti.

Da lo Mejor que Tienes

Da al mundo lo mejor que tienes, y quizá nunca será suficiente; Da al mundo lo mejor que tienes de todos modos.

Esfuérzate siempre hasta alcanzar tu máxima estatura; no porque los demás lo esperan, sino porque tu persigues la excelencia. Haz lo que tengas que hacer, y hazlo dando siempre tu mejor esfuerzo porque en ti, la naturaleza busca libre y espontáneamente expresarse a su más alto nivel de desempeño. No esperes a que te agradezcan o que te feliciten porque lo hiciste bien; encuentra en tu interior el gozo que viene de saber que estas creciendo.

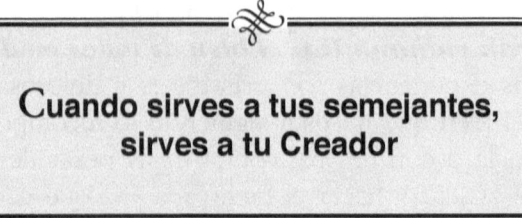

Cuando sirves a tus semejantes, sirves a tu Creador

Al final, todo es entre tú y Dios; Nunca ha sido entre tú y ellos, de todos modos.

Al final de esta vida mortal es frente a tu Creador que rendirás cuentas y es de El y no de los hombres que serás compensado. Haz a toda la gente siempre lo bueno, ora por los que te persiguen y ultrajan, bendice a los que te maldicen, no devuelvas mal por mal; recuerda que tu promesa está frente a Dios y no a ellos.

En búsqueda de significado

*"El hombre que piensa que
su vida no tiene sentido no es que
sea infeliz, es que no sirve para vivir."*
Albert Einstein

El ser humano, creado a imagen y semejanza de Dios, tiene el poder de trascender de su naturaleza mortal a su naturaleza espiritual; de no ser determinado por los impulsos; de ser responsable de su propia experiencia.

Existimos de manera autentica cuando no somos producto de nuestros impulsos; cuando decidimos responsablemente por nosotros mismo haciendo uso de la libertad que tenemos de escoger, cómo queremos vivir y actuar frente a los desafíos de la vida.

El Ser humano es completo cuando integra en su desarrollo y crecimiento las tres dimensiones de su ser: lo somático, lo psíquico y lo espiritual; es decir, lo que atañe a su cuerpo físico, a su mente y a su espíritu. Mientras el hombre busque su significado, éxito o felicidad solo en una de esas dimensiones; la plenitud verdadera nos seguirá esquivando.

Como lo he señalado muchas veces en este libro, la felicidad no viene junto con el dinero; pero una persona tampoco puede ocuparse con serenidad y constancia en su crecimiento espiritual si sus necesidades elementales o fisiológicas y psicológicas no están enteramente satisfechas.

Crecer espiritualmente es buscar tu fin último, tu significado y propósito en la vida; es encontrar la causa primordial de tu existencia. La felicidad no se alcanza, es un resultado; no se persigue; es el resultado de encontrar tu causa, tú propósito y entregarte a ella.

El ser humano se caracteriza en primera instancia por su búsqueda de significado, más que por la búsqueda de sí mismo. El gozo mayor se experimenta cuando nos damos al servicio de los demás.

Cuanto más nos olvidamos de nosotros mismos entregándonos a una causa, más humanos nos hacemos.

Es la entrega y servicio a una causa justa lo que nos da significado y como resultado felicidad. Es el reencuentro con nuestro propósito o misión de la vida lo que nos libera de la mera existencia biológica para introducirnos a la vida espiritual y trascender como seres humanos. Digo reencuentro de nuestro propósito porque no hay duda que el día que nuestro Creador nos creo también nos enseñó nuestro propósito o misión en la vida. Este conocimiento lo tenemos en esa parte subconsciente de nosotros que reside en nuestra inteligencia o mente eterna.

¿Cómo re-encuentras tu propósito o significado?

¿Cuál es la causa que te trajo a esta vida? Respondiendo esta pregunta reencuentras tu significado.

Existe una causa general o universal para todas las creaciones de Dios. Esa causa o propósito universal consiste en proveernos una oportunidad de crecimiento y desarrollo.

¿Quién eres?

Lo que ahora eres no es la verdadera medida de tu potencial; estás, transitoriamente, en un peldaño de tu estatura eterna; lo que más importa, lo glorioso, es lo que llegarás a Ser por hacer lo que debes hacer.

Sin importar los errores del pasado, tu futuro es prometedor y glorioso. Naciste en este mundo con la semilla de la divinidad dentro de ti. Llegarás a ser como tu Creador lo es. Este es el fin último de nuestra existencia.

¿Por qué existes?

-Para experimentar plenitud de gozo al recibir los dones verdaderos de tu Creador: salud, riqueza y amor.

-Para actuar por ti mismo y obrar independientemente, irradiando luz y verdad, dentro de la esfera que tu Creador te ha colocado

-Para reencontrar tú causa y dedicarte a ella.

¿Cuál es la dimensión Universal de tu Misión o propósito en esta vida?

Fuiste avanzado a tu segundo estado de existencia, la existencia mortal, solo después de haber llenado tu medida de crecimiento en el mundo espiritual. Llegaste a esta vida con el propósito de tener las experiencias que necesitas para alcanzar tu máximo potencial físico, mental y espiritual.

¿Cuál es la dimensión individual de tu propósito en la vida?

Tú tienes que re-encontrarlo. Sin embargo hay cuatro ayudas que nuestro Creador nos ha dado para reencontrar nuestra misión:

-Tu misión personal está relacionada con una causa justa y buena que presta servicio a los hijos de Dios.

-Los talentos y destrezas personales más fuertes que tienes son los instrumentos que te permitirán servir en la causa de tu vida.

-La riqueza que obtendrás expandirá la capacidad de servir en tu causa.

-Hay experiencias que has tenido en tu vida o que tendrás que te darán inclinación o sensibilidad por una causa en particular.

A manera de ejemplo compartiré contigo la misión o propósito particular de mi vida:

Mi Misión es desempeñarme como Conferencista, Maestro, Escritor y hombre de Negocios, para inspirar a mis semejantes, de todos los estratos sociales, a desarrollarse hasta su máximo potencial, para que experimenten el más alto nivel de felicidad y de bienestar espiritual y material.

Tengo amigos que su causa está identificada con ayudar aquellos que experimentan una enfermedad específica; otros que su causa esta identificada con proveer oportunidades de educación a personas de bajos recursos; otros con ayudar a los pobres a vencer la extrema pobreza; otros con ayudar a aquellos que han caído presas de las drogas; otros con ayudar a personas a realizar sus sueños; otros creando conciencia sobre la preservación del medio ambiente; otros con luchar por la preservación de la fauna; etc. Hay miles de causas buenas. Por seguro hay una para la que tus talentos, destrezas y experiencias te han preparado.¿Cual es esa causa?

TUS CIMIENTOS

"No hay en todo el mundo
un Triunfo verdadero que pueda
separarse de la dignidad en el vivir"
David Starr Jordano

No hay logro alguno que valga la pena si conlleva la pérdida de la integridad. La dignidad en el vivir no tiene precio y no se puede vender a cambio de un puñado de bienes, sin importar cuan grandes estos sean. El logro de riqueza empleando medios ilegales o recursos deshonestos es uno de los fracasos más grandes que el ser humano puede experimentar. Las oportunidades para enriquecerse fácil y rápidamente sobran; como sobran las muchas razones para no hacerlo.

Prepárate de antemano para enfrentar esas "oportunidades" de dinero fácil y mal habido. Yo te aconsejo que establezcas tu propio código de valores gobernantes. Principios eternos que emplearás para guiar tus decisiones.

A continuación comparto los valores gobernantes que decidí gobernarían mis acciones:

1-Fe
Pensaré, hablaré y actuaré en congruencia con los logros, circunstancias, acontecimientos y condiciones que deseo en mi vida.

2-Conocimiento
Estudiaré, observaré y meditaré con dedicación, para aprender las verdades, principios y leyes verdaderas que gobiernan la existencia de todas las creaciones.

3-Verdad
Buscaré siempre la luz y la verdad para allegarme a ella. La mentira y el engaño no estarán presentes en mis labios, mi corazón y mis actos.

4-Misericordia
Mostraré paciencia, comprensión y compasión frente a las debilidades de mis semejantes para alcanzar la misericordia y el perdón que yo necesito de Dios.

5-Justicia
Templaré la misericordia con el grado correcto de justicia. Buscaré siempre hacer el bien y reconocer el derecho a quien lo tiene.

6-Constancia
Seré perseverante e invariable en perseguir la clase

de vida que debo vivir, y cumplir la misión que Dios me encomendó.

7-Amor
Daré perdón y amor incondicional a todos mis semejantes, como reconocimiento a su origen divino y tributo a sus gloriosas posibilidades eternas.

8-Virtud
Enfocaré mi mira en la gloria de Dios; dejaré que la virtud engalane mis pensamientos incesantemente; seré valiente frente al vicio y toda clase de inmoralidad; circunscribiré la satisfacción de mis apetitos y pasiones dentro de los límites de la virtud y la salud.

9-Frugalidad
Viviré una vida sencilla, sin vanas pretensiones y ambiciones malsanas; la correcta administración del gasto, el ahorro, y la inversión gobernarán mis finanzas.

10-Significado
Me despojaré de las falsas pretensiones y las vanas ambiciones que conducen al vacío existencial; llenaré mi vida de propósito; viviré para cumplir la misión y fin de mi existencia; trabajaré infatigablemente para crecer hasta mi máximo potencial; dedicaré mi tiempo, recursos y talentos para hacer el bien a mis semejantes.

La cantidad de valores que escojas no importa; lo que realmente importa es que tengas en tu código personal los valores que mejor te orientarán en la toma de decisiones en la vida.

Bien, mi buen amigo, nuestro viaje ha terminado; tienes

en tus manos todas las herramientas y el poder que necesitas para experimentar una existencia de gozo abundante: salud, riqueza y amor. La Riqueza inagotable del Mundo entero está a tu disposición, esperando para que ejerzas tu poder creador de riqueza ilimitada. Nunca dudes, tú **NO** naciste para vivir en la pobreza y la escasez; tu deseo de ser rico es noble, justo y bueno; sin temor ninguno a equivocarme te digo que lo lograrás.

Recuerda siempre estas grandes verdades fundamentales:

-Tu deseo de ser rico es justo y bueno.

-En el mundo hay abundancia de riqueza para todos.

-Tu tienes el mismo poder creador que Dios tiene; El te lo confió para tu progreso y desarrollo.

-La fe es el primer principio con poder, autoridad y dominio sobre todas las cosas.

-El pensamiento de imagen, forma o semejanza, cargado de emoción y sentimiento, imprime en la materia la forma o imagen pensada.

-Toda creación, desde la más pequeña hasta la mayor, posee inteligencia, y por lo tanto, capacidad para obedecer.

-Tienes y conoces el proceso para la creación de dinero y riqueza ilimitada; ¡úsalo! y te será imposible vivir en la escasez.

-La abundancia de dinero y riqueza que obtendrás expandirá tu capacidad de ayudar y servir.

Comparte tus ideas y logros:
salomonjaar@yahoo.com

www.ingramcontent.com/pod-product-compliance
Lightning Source LLC
Chambersburg PA
CBHW032000170526
45157CB00002B/479